ボールは丸い。

サッカーの真理がわかる名言集

西部謙司 編著

Rafael Benitez Maudes Jean-Paul Charles Aymard Sartre Lorenzo Serra Ferrer Roberto Carlos Roberto Baggio
Pierluigi Collina José Mourinho Stanley Matthews Marius Johan Ooft
Oliver Kahn Franz Anton Beckenbauer
George Orwell Otto Rehhagel Cruijff Shinji Ono Jorge Andrade Lionel Messi
Gerd Müller Xavi Didi
Sergio Echigo Zico Homare Sawa Bill Shankly
Yasuharu Sorimachi Kevin Keegan
Houllier Jürgen Klinsmann
Yasuhito Endo César Luis Menotti
"Alex" Ferguson
Gerson Bielsa Giovanni Trapattoni Guus Hiddink
Zi… …o Falcão …ne Berti Vogts Ruud Krol
Ivic… …ghe Hagi Marco van Basten
Taizou… …go Sacchi Akira Nishino
Lévir Culpi Philippe Troussier
Cristiano Ronaldo Cesare Maldini Dunga
Kazuyoshi Miura Éric Cantona Samuel Eto'o
Osvaldo Cesar Ardiles
Josep Guardiola
Dennis Bergkamp Diego Armando Maradona
Paul Pogba Aimé Jacquet
Neymar Jürgen Norbert Klopp Gennaro Ivan Gattuso
Sergio Ramos
Abby Wambach Thierryl Henry
Mihailo Petrovic Salman Rushdie
Takeshi Okada Ronaldinho Barry Hulshoff
Dottmar Cramer
Zlatan Ibrahimovic Carlo Ancelotti Carlos Pachame Pelé
Luka Modric Shunsuke Nakamura Arsène Wenger Juan Sebastián Verón

◆目次

はじめに――誰がいったか、何をいったか

珠玉の名言に註釈をつける。まさに蛇足ともいうべき仕事ですが、言葉の背景を知るとより味わい深くもなるものです。ただ、発せられた言葉の文脈を必ずしも把握していないので、個人の感想の域を出ないものもだいぶあります。もし、そう感じられたなら、私のタワゴトは一切無視して偉人たちの言葉に耳を傾けてください。

名言というより迷言に思えるものも含まれていると思います。そもそも名言には、「何をいったか」と同時に「誰がいったか」にも価値があります。普通の選手や監督がいっても全然響かない言葉でも、偉大な人がいうと妙に感心したりするものです。「この人がいっているのだから、きっと深い意味があるのだろう」と、受けとるほうが勝手に解釈してくれる。でも、偉大な人物でもつまらないことをいっているときもあります。あま

り真に受けすぎないほうがいいかもしれないと感じたときは、ちょっとツッコミを入れてあります。ただし、意味のないツッコミもあります。註釈も真に受けてはいけません。

「強い者が勝つのではなく、勝った者が強いのだ」

これはフランツ・ベッケンバウアーが言ったとされ、よく使われる言葉でもあります。「皇帝」の言葉なので広く伝わったのでしょうが、サッカーのロジックからすると明らかにおかしいところがあります。「強い者が勝つのではなく」はそのとおりだと思います。おかしいのは後半部分です。サッカーは強いほうが勝つとはかぎらない、弱いほうが勝つこともあるゲームです。ですから、たまたま弱いほうが勝ったからといって、「勝った者が強いのだ」ということにはなりません。

下馬評とは関係なく、その試合で勝つべきプレーをしたほうが勝ったから必然であるというなら「勝った者が強い」で問題ないと思います。勝ったことで本当の強さを証明できたという意味になります。しかし、サッカーは「弱いまま」でも勝つことが可能なスポーツなのです。弱いまま勝ったからといって、我々のほうが強かったということにはなりません。それでは「勝てば官軍」と同じになってしまうでしょう。

ベッケンバウアーの言葉だからといって、よく吟味しないで「正しい」と鵜呑みにしてはいけないと思うのです。「勝った者が強い」と勘違いしまうと、自分たちの弱さを見逃してしまい、進歩は止まってしまうからです。現実が「弱いけど勝てた」なら、「じゃあ、もっと強くなろう」になるはずです。それを「勝ったから強い」と勘違いしてしまうと、このままでいい、つまり現実には「弱いままでいい」ということになってしまいますからね。

1966年ワールドカップで優勝したイングランド代表は、「勝ったから強い」と思い込んだがために、その後に苦労しています。イングランドは開催国で、しかもすべての試合をロンドンでプレーしたこと、判定にも助けられたこと、戦術や技術で必ずしも最強ではなかったことなど、当時も警鐘を鳴らした人々はいました。しかし、サッカーの母国が初優勝したという熱狂の前に批判は呑み込まれてしまったようです。このイングランドの例は、もちろんベッケンバウアーの言葉とは関係ありません。66年のベッケンバウアーは決勝でイングランドと対戦した西ドイツの選手で当時はまだ20歳です。イングランドが勘違いしたのは、「ダイレクト・フットボール」という言葉でした。

ダイレクト・フットボールはチャールズ・ヒューズという人が提唱した考え方で、要は相手ゴールへ直接的に攻撃するのが良いということです。「パスを5本以上つなぐと得点の確率が著しく低下する」というデータから導き出されたもので、FAはこれを指導方針の軸に据えていました。ダイレクト・フットボールとロングボール戦法はイングランドサッカーの代名詞になっていきます。冷静に考えれば統計のトリックのようなものだとわかるはずですが、そのやり方でかつてワールドカップ優勝という結果を出していたために、間違った方向へ突き進んでしまいます。ヒューズの考え方がすべて間違っていたわけではないのですが、理論武装された言葉によって多くの人々が間違えてしまった。

偉人の言葉でも戦術的な用語でも、そこに真理が含まれていることもあれば、表面的な解釈をすると間違った結論に陥ってしまうことがあります。ですから、「誰々がいった」も大事ですが、「何をいった」かに注意を向けていただきたいと思います。

西部謙司

装幀――ゴトウアキヒロ

混沌とミスのスポーツ

サッカーはミスのスポーツです。
全ての選手が完璧なプレーをしたらスコアは
永遠に 0-0 です。
ミッシェル・プラティニ

フットボールはミスのゲームだ。
誰であれ最もミスの少ない者が勝利する。

ヨハン・クライフ

フットボールはミスなしにプレーできないゲームだ。

ユルゲン・クロップ

クライフとクロップは全く同じことを言っている。ところが、そこから導かれる結論が正反対だ。クライフはだから「ミスの少ない」ほうが勝つと説いているが、クロップはミスを恐れるなという結論なのだ。クロップは結論部分を言っていないけれども、彼の率いたチームを見れば自明である。

クライフの考え方は「ミスはなるべくするな」あるいは「必要のないミスをしてはならない」だが、クロップは「どうせミスはするのだから、どんどんトライしろ」になる。二人の結論の相違は現在のバルセロナとリバプールを比べれば一目瞭然である。バルサは執拗にパスを回す。本当に執拗で、シュートへ持ち込めそうなときでさえ作り直す。より確実なチャンスになるまで待ち、不要なミスを避ける。一方、リバプールはスペースがあれば強引にでも攻め込んでいく。モハメド・サラーやサディオ・マネを敵のDFと競走させ、たとえ敵のミスだろうとフィニッシュへ持って行ければそれでいい。多少無理でも積極的に勝負を仕掛けていく。

クライフは「GKと1対1になっても3回に1回しか決められないのがアマチュア、すべて決めるのがプロ」と言っているので、技術の精度を最重視している。つまり、なるべくミスをしないと同時に、どうするとミスになるかも理解していなければならない。ミスになるとわかっているプレーをする必要はなく、イチかバチかに賭けなくてはならない程度のチームなら、それはアマチュアということなのだろう。

クロップは90分間になるべく多くのチャンスを作ろうとする。どうせミスなしにプレーできるゲームではないのだから、決定機になるまで待つのではなく、ハーフチャンスでも数多く作ったほうがいい。言ってしまえば「数打ちゃ当たる」のスタイルだろうか。クロップはペップ・グアルディオラ監督が率いた全盛期のバルセロナを「退屈」と評した男である。クロップにとって、フットボールとはもっと激烈で興奮するものであり、ほとんどミスをしないで淡々と得点を重ねていくようなスポーツではないわけだ。

もしトラップミスがゴールになったら、それはミスではない。
選手が考えてプレーしたのかもしれない。
サッカーにミスはない。
周りが言うからそれはミスになるのだ。

パウロ・ロベルト・ファルカン

それがミスかどうかは本人しかわからないことがある。ミスだとしても、その遠因を他人に求めることもできる。ただし、本人が自分のミスを自覚していないのは明らかに問題だ。トラップミスがゴールに入っても得点になり、ミスだと本人が言わなければ周囲は巧妙なシュートだと思うだけかもしれないが、本人までもミスではないと思い込んだら進歩がなくなる。だからサッカーには「ミスがある」。周囲が言わなくても、本人が自覚していればそれはミスなのだ。

ボールこそが唯一の偉大な存在。
ボールを完璧に扱える選手はこれまで一人もいない。
それでいいのだ。
完璧に扱えないからこそゲームが成り立つ。

フランツ・ベッケンバウアー

最も完璧に近くボールを扱えた人がそう言っているのだから間違いない。サッカーはやはりミスのゲームなのだ。

ボールをもっと可愛がれ。ボールを嫌えば、ボールも君を嫌う。ボールになじみ、ボールから自由になれ。

デトマール・クラマー

ボカ・ジュニオルスの監督をしていたころのアルフレード・ディステファノの逸話。紅白戦を止め、ディステファノ監督は選手を集めて言った。「ボールは何で出来ている?」。選手が「?」という反応を見せると、監督は「牛だ」と正解を出す。このころはもう人工皮革だったかもしれないが、昔は牛の膀胱でボールを作っていた。「牛は何が好きだ?」とディステファノから2つめの質問。「そうだ、牛は草が好きだろう。だからボールは常に草の上にあるべきなんだ！」という結論。要は、ボールを空中に蹴りすぎるな、グラウンダーでつないでいけという指示なのだが、ボール→牛→草という何とも回りくどい説明のうえに、選手もこんな説明で納得するのかというロジックだが、ペレをもしのぐ世界最高のレジェンドに大まじめで言われたら、どんな顔をしていいのかわからない。ただ、妙に心に響く気もする。ドン・アルフレード、「少しはボールの身にもなれ」という気持ちだったのか。

ボールが自ら俺の方に近づいてくるんだ。誰よりも上手く扱ってくれることを知っているから。

ゲオルゲ・ハジ

ルーマニアのハジはたいてい右サイドに張っていて、チームメートもそこにいるのをわかっていてハジにボールが集まるようにしていた。少しは迎えに行ってあげたほうがボールも喜ぶのではないでしょうか。

サッカーから我々へのメッセージというのは
非常にシンプルなもので、
それは「何が起こっても不思議ではない」ということだ。
だからこそ、絶対勝つんだという信念を持つことが重要になる。

オズワルド・アルディレス

強いほうが常に勝つわけでないのがサッカーなので、勝利が転がり込んでくることもある。ただ、何もしなくてもそのチャンスが来るわけではなく、最大限の準備と努力をした後に棚からぼた餅が落ちてきたら逃さず拾わなくてはならない。宝くじの「買わなきゃ当たらない」と同じか。

我々はよく戦った。
気が狂ったような6分間を除けばだ。
あの時間については説明のしようがない。

カルロ・アンチェロッティ

２００５年５月25日、イスタンブールで行われたＵＥＦＡチャンピオンズリーグ決勝は〝イスタンブールの奇跡〟として知られている。前半をＡＣミランが３―０でリードした時点で、もう試合は決まったも同然と思われた。ところが後半からリバプールが一度も使ったことのない３バックに変更して猛攻撃、54分から６分間で３点を連取して３―３に追いついたのだ。

リバプールのホームであるアンフィールドは「ライオンの巣穴」とも呼ばれる強烈な圧迫感があるという。イスタンブールのアタトゥルク・スタジアムはアンフィールドではないが、その６分間に関しては「ライオンの巣穴」だった。ミランの選手、監督、サポーターにとって、何が起きているのか理解できない６分間だったに違いない。

ただ、その６分間にエネルギーを使いすぎたリバプールはその後に疲労困憊となり、ミランの猛攻撃にさらされている。しかし、延長も耐え抜いてＰＫ戦に突入。ＧＫデュデクはクラブの伝説であるグロベラーの「スパゲッティ・ダンス」を再現してミランに３本のシュートを失敗させ、奇跡の一夜を締めくくっている。

もし1点でもゴールが奪えれば、何かが変わる。

ラファエル・ベニテス

ミランのアンチェロッティ監督にとっての「気が狂ったような6分間」も、1つのゴールから始まっている。ハーフタイムにロッカールームでベニテス監督は「1点でも変わる」と言ったとおり大きく試合は動いた。あれほど劇的に変わったのは、もうすでに前半で決着がついたような雰囲気があったからだろう。ミランの選手たちはリラックスしてしまい、ネジを巻き直すことができなかった。通常、3—0でリードしているチームが逆転されることはない。すでにそれだけの差があるからだ。それがひっくり返されるとしたら、油断が最大の要因である。しかし、3—0で油断するなというほうが難しく、油断をつかれたという自覚はさらに精神的なプレッシャーになってしまう。百戦錬磨のミランでさえ、こうした罠に落ちるからサッカーは恐ろしい。

サッカーなんて勝負事で、相手も勝とうと必死でやっているのだから細かい原因なんて追究してもしょうがない。負ける事もある。

岡田武史

岡田監督が本当に敗因を分析しなかったわけではないと思う。やっていても、それを外に向かって言うかどうかではないか。敗因は試合ごとに違うことも多々あるわけで、そこだけに注力していてもチームは進歩しない。応急手当の連続はキリがなく、そればかりだとチームが小さくなってしまうこともある。エラーの種類によって放置しておいていいものがあるだろうし、エラーそのものよりも背景にあるものに手をつけたほうがいい場合もある。いずれにしても、敗因分析をすべて選手に伝える必要はなく、ましてメディアにすべてを話したりはしないものだ。

2―0は危険なスコア。

オズワルド・アルディレス

2―0は危険というのは弱いチームが言うこと。

エメ・ジャケ

どの国のリーグ、ワールドカップなどの大会でも、1試合に入る得点は平均で2点を超えることは少ない。つまり、2—0でリードしたら試合はほぼ決まりである。

2—0が危険なのは、リードしてリラックスしすぎてしまうことが主な要因だ。さらに、試合運びが上手くないということもある。調子に乗って3点目をとりにいって難しいプレーを選択、ボールを失って反撃されて2—1にでもなると、今度は1点を守ろうとしすぎて相手をかえって勢いづかせてしまい、2—2にでもなろうものなら逆転負けは目の前だ。

サッカーは1回のシュートで一気に3点も4点も入ることはない。1点ずつしか入らない。2—0は明らかなアドバンテージだが、それを片手で扱うから危険を呼び込んでしまう。2—0には2—0に相応しい、リスクを冒しすぎないプレーがある。両手で扱わなくてはならない。2—0が危険なのはプレーの仕方を知らない、信号が黄色のときの判断ができない、要は「弱いチームが言うこと」というジャケの意見はその意味で正しい。

サッカーとは寸足らずの毛布のようなものである。

ジジ

私の持っている毛布はベッドに比べて小さい。
胸を暖めようとすれば足が出てしまう。
足を覆うと上半身が寒い。
しかし、私が持っている毛布はカシミア製だ。

ジョゼ・モウリーニョ

有名なジジの言葉は本質をついている。モウリーニョのほうはよくわからん（笑）。清水エスパルスの監督だったエメルソン・レオンが、ロスタイムが少ないと主審に文句を言いに行ったときの「私の時計はローレックスだ」を思い出した。「カシミア製」は、攻守を完璧にカバーするのは無理だが、重きを置いているほうは万全だという意味だろう。モウリーニョは「私は革命家ではない」と言っていて、彼の作るナームが革命的だったことはない。極めてオーソドックスなチームを作る。どういう展開になっても勝ちを拾えるチームだ。軸になるポジションに実力者を揃え、周囲を調整して全方位的なチームを編成する。あとは対戦相手を分析し、鼻の差でも勝てばいい。カシミアの毛布で上半身を覆うか、下半身にかけるかはモウリーニョの腕次第である。

間違いは誰でも犯す。その間違いもまた、サッカーの一部なのだ。

ピエルルイジ・コッリーナ

審判もミスをする。それを認めないとサッカーは成り立たない。審判の権威を守るのは審判ではなく選手である。審判がエライのではなく、エライことにしておかないと収拾がつかなくなるので、仮の権威として選手は審判を守らなければならない。だからミスジャッジも審判の権利といっていいのだが、まれに競技規則の運用を間違えることがある。これはミスジャッジではなく、ルールの番人である審判が勝手にルールを変えてしまったことになるので、この場合は試合そのものが無効になる。ワールドカップ予選で、日本の審判団がこれをやってしまって再試合になった。

審判は判定に関して、選手と討論するために存在するのではない。

ミハエル・フレリッヒ

ルール上、選手は審判への抗議は認められていない。ただし、質問や討論なら問題ないのだろう。試合中に審判と選手が話している光景をよく見るようになった。コミュニケーションをとるのは良いことだと思うが、それも程度問題ということなのだろうか。

我々にレフェリーは必要なかった。それでもルールを受け入れ、彼らを支持した。

スタンリー・マシューズ

フェアプレーでも知られていた不世出のウイング、スタンレー・マシューズ。今はレフェリーどころかＶＡＲまで必要になった。

試合中のエラー率が18％以下なら強いチームのはずだ。

ヴァレリー・ロバノフスキー

言っていることは普通だと思うが、「18％」という数値を出しているのがロバノフスキー監督らしいところで、ちょっと怖い感じさえする。かつて旧ソビエト連邦に感じていた不気味さである。鉄のカーテンの向こう側は情報も少なくて、1958年ワールドカップのソ連は優勝候補に数えられていた。フタを開けてみれば優勝したブラジルの敵ではなかったわけだが、最先端の科学を駆使したトレーニングを行っている国というイメージがあったのだ。実際、ロバノフスキーは数値を重視した最初の監督だった。今では、どのチームもそんなふうになっているけれども。

相手チームの存在によって、
フットボールはすべてが複雑になる。

ジャン＝ポール・サルトル

サルトルがそう言うなら、きっとそうなんでしょう。ボールと自分と自分たちと相手。その関係によって複雑化するのが「実存主義」的かどうかはわかりません。

フットボールは誰もが痛みを抱えるゲームだ。
そしてすべての国が独自のプレースタイルを持ち、
それがまた外国人にとってはアンフェアに思える。

ジョージ・オーウェル

ディストピア小説『１９８４』で知られるオーウェルは英国人だが、この言葉はイングランド代表批判と受け取れないでもない。オーウェルの時代はイングランドが無敵だったころなのだが、荒々しいプレースタイルはヨーロッパ大陸とは違うスポーツのようだったという。「ＧＫへのチャージと背後からのタックルが許されていた。それがホームで不敗だった大きな理由だ」と、英国人のエリック・バッティ記者が書いている。オーウェルはたぶんフットボールは嫌いだったのではないか。痛いし、公平でもないから。

シンプルであること

うまくやるためのレシピは
シンプルであると同時に複雑なものなんだ。
ロベルト・マンチーニ

フットボールにはほぼすべてがある。人生がある。見なければならない、考えなければならない、動き、場所を見つけ、他の人々を助けなければならない。とてもシンプルなんだよ。

ヨハン・クライフ

自らの体験からすべてを直覚できる天才はクライフだけだと言われる。フットボールだけでフットボールを理解できる例外だと。クライフは例外中の例外なので、現在の監督や選手はフットボール以外からフットボールを学ばなければいけないのだと。そういう意見をよく聞くようになった。

統計学や心理学、運動生理学、さまざまな人類の知見を総動員してフットボールを理解する……そうした方法で語られるフットボールは恐ろしく複雑だ。正しいのかもしれないが、複雑すぎて少なくとも選手には伝わらないだろう。しかし、当の天才は「とてもシンプル」と言っている。ディエゴ・マラドーナは「フットボールを複雑にしようとする」人々を犯罪者扱いまでしていたものだ。

クライフは「最も簡単にみえるプレーが一番難しい」とも言った。複雑な思考からノットボールの真理に迫ろうとしても、かえって遠ざかってしまう。簡単なプレーが難しいのは、難しく考えるとそこにたどり着けないからで、簡単に考えるのが案外難しいのだとクライフは言っていたのかもしれない。

サッカーには人生のすべてがある。特に「男」にとって必要なすべてが。

デットマール・クラマー

日本女子代表はついに全カテゴリーで世界一を獲った。男子はどのカテゴリーでも獲れていない。「男」にとって必要なすべてがサッカーにあるのだとすると、日本女子代表は男子より男らしいのかもしれない。

サッカーが簡単だったことは一度もない。

ジネディーヌ・ジダン

簡単なプレーが実は一番難しいとよく言われる。ジダンは難しいプレーを簡単そうにやってしまうプレーヤーだったが、水面を優雅に移動する白鳥ではないが、華麗な技巧を披露するときのジダンの顔つきが必死だったのは覚えている。水面下では必死に足を動かしている鳥のように、吐きそうな顔でマルセイユ・ターンをやっていた。試合の途中で実際に吐いていたこともあった。

いろんな種類のサッカーがあるが、最も愚かなのは、できないことをしようとする、そんなサッカーである。

フランツ・ベッケンバウアー

できないと決めつけてしまえば進歩は止まる。ただし、本当にできもしないことを続けるのも当然問題がある。選手の適性を生かしながら最大限チームとしての力を発揮させる指導者は素晴らしい。しかし、選手も気づいていない能力を引き出し、チームをさらなる高みに押し上げる指導者は偉大だ。

サッカーはとてもシンプルなもの。相手がボールを持ったら、ボールのラインよりもできるだけ多くの人数が自陣にいるようにする。そして我々がボールを持ったら各自が自由に動きまわる。

ドゥンガ

シンプルだからこそ難しいともいえる。ボールより自陣側になるべく多くの選手が戻る、これは難しくない。だが、ボールを持ったら「各自が自由に動きまわる」のは簡単ではない。自由に動きまわること自体は簡単だ。問題はそれで効果があるかどうか。「ボールなしで動けと言うと、たいていのプレーヤーはいつも同じような調子で走り回る。このような考え方は全く間違っている。ボールなしの動きは、効果的に動いたときのみ意味がある。これが核心である」とリヌス・ミケルスが語っている。

バルセロナの名選手で、ミケルスの指導を受けているカルレス・レシャックが横浜フリューゲルスの監督に就任したとき、選手にパスを回させたら、ボールではなく人がぐるぐるとまわりはじめた。それを見たレシャックはプレーを止め、1人ずつポジションにつかせ、最低限の動きでパスをまわせることを教えた。最低限の動きでボールを動かすには、それなりの技術も要求される。また、どうプレーするかを知らなければならない。個人の思いつきで動きまわるだけでは無秩序が加速するだけなのだ。技術があり、戦術を共有し、そのうえで自由がある。臨機応変がある。シンプルだけれども簡単ではない。だから簡単にプレーできる選手は優秀なのだ。

サッカーを難しくしているのは、我々人間である。

ドゥンガ

ドゥンガ監督のファッションを難しくしているのは彼の娘である。それが良いのか悪いのかはよくわからない。VARが導入されて、確かにサッカーは少しシンプルになったかもしれない。機械に文句を言う選手がいないからだが、人を排除したほうがシンプルになるのだろうか。

『シンプルなプレーを選択するのが最も難しい』という言葉があるが、
それは私たち監督にとっても同じ。
どうすればシンプルな采配をとることができるのか。
それは対戦相手との力関係をよく理解し、
自らのチームがどういう状態にあるのかを把握したうえで、
勝つ可能性を広げていくことだと思うよ。

フース・ヒディンク

自分の力量、そのときの状況、共有しているセオリー。それらを勘案して瞬時に最適解を叩き出せる選手は間違いなく優秀だ。トレーニングや環境で身につけられる部分はあるが、持って生まれたものもある。フランツ・ベッケンバウアーはユース時代にデットマール・クラマーからはじめてまともな戦術の講義を受けた。ただ、クラマーが教えたことはすでに実行していたことばかりだったという。

監督と選手の才能は同じではないが、監督にも才能がある。ヒディンク監督の特徴の1つは、イチかバチかの一手を冷静に計算して打てるところだと思う。成功すると何もかもお見通しに思えるが、よく考えるとギャンブル要素もかなりある。賭博や投機の才に近く、外れることもあるが当たりの確率が普通の人より高いので、やはり監督としての才能があるのだろう。

サッカーに古いも新しいもない。
あるのはいいサッカーと悪いサッカー。

チェザーレ・マルディーニ

サッカーは日進月歩なので、古い新しいはあると思う。ただ、新しいから良いというわけでもない。同様に古いからダメでもない。サッカーは表面的に日々変化している一方で、本質的にはあまり変わらないともいえる。新しいと思う事柄は、たんにそれまでなかった名前がついただけというケースも多い。「偽9番」はバルセロナのメッシで有名になったけれども、その発想自体は1940年代からあった。元祖・偽9番といわれているのが、リーベル・プレートのアドルフォ・ペデルネーラで、彼の後継者となったアルフレード・ディステファノがゼロトップ・スタイルを有名にした。ただ、それ以前にもたぶんあったのだと思う。

それまで存在していた事象に名前がつくことで皆が気づき、浸透して知見になるわけだが、名前がつく前にもあったわけだ。「アーリー・クロス」「ポジショナル・プレー」「逆足ウイング」「サリーダ・ラボルピアーダ」……全部あった。名前がついたから新しい気がするし、名前がついたことで一般化したけれども、それ自体はずっと存在していた。古くからあるものを新しく言い換えているだけという場合が多いので、本当に新しいサッカーというのはあまりないのかもしれない。

サッカーが進化するのではない。
人間が進化するのだ。

セサール・メノッティ

サッカーは人が進化しないかぎり進化しない。どんなに素晴らしい戦術を考案しても、作戦板からサッカーは生まれない。マグネットは動かない、疲れない、ボールコントロールもミスらない、寒くないし暑くもない、蹴られても痛くない。作戦板には時間がない、二次元なので高さもない、雨でボールがスリップすることもないし雪も降らない。選手が実行できることでしかサッカーでは起こらないのだ。当たり前なのだが、非常によく間違えられることでもあると思う。

サッカーは本当はとてもシンプルなゲームなのに、
選手とコーチがこれを難しくしている。

ビル・シャンクリー

スポンサーやメディアやファン、ときには政治家や学者までもが加わって、現在はさらに難しくなっている。マラドーナも「サッカーはシンプルであり、複雑にしようとすることは許されない」と言っているが、現状はどんどん複雑になっている。人々の関心とお金を集めないとチームは強くならない仕組みになっている。聞き慣れない用語が飛び交い、スポーツなのかマーケティングなのかよくわからない。それが良いのか悪いのかもよくわからない。

美しいフットボールはアートだ。
中でもシンプルなフットボールが最高だ。
アートと同じでいい作品とは難解なものではなく、
シンプルなものだよ。

ルート・クロル

サッカーは複雑ではない。複雑そうにみえるかもしれないが、1つ1つは非常にシンプルだ。シンプルだからといって簡単ではない。そこはアートと似ているかもしれない。

※クロルは引退後に3年かけて世界の美術館めぐりをするほどのアート好き。

ボールは丸いことを理解しろ。

ペレ

ボールの下を蹴れば上へ飛ぶ。上を触れば地面を転がる。最も強いキックをするにはボールの中心を蹴ること。皆知っているけれども、ちゃんとできる人はものすごく少ない。だから勝負はいつもどう転がるかわからず、「ボールは丸い」と言っておけばたいていのことはやり過ごせるわけだ。

日本の選手に一番足りない技術の一つは、ボールをきちんと止めること。止めて蹴る、こんな簡単なこと、と思われるかもしれないが、簡単なことは実はとても難しいし、大切なことだ。

カルロス・パチャメ

日本の選手に限らず、もうこれがすべてと言ってもいいかもしれない。例えばカウンターアタック。守備から攻撃への切り替えの速さ、スペースへ飛び出す走力がカウンターの成否を握ると考えられている。確かにそれもある。ただ、それ以上に「止めて蹴る」にかかっている。ボールをしっかり止められないので蹴れない、蹴れないのでカウンターのタイミングを逸してしまうことが多いのだ。傍目には止まっているようにみえても、止めてから

1つボールを押し出してからでないと蹴れないとしたら、パスのタイミングが確実に遅れてしまう。止めたら即時に蹴るか、すぐに蹴り出せる場所に一発で止めるか。いずれにしても「止める蹴る」の精度がプレー全体のスピードを決めてしまうことが多々ある。また、守備側のプレッシャーの速さもよく問題になるが、それもボールを正確に止められているかぎりにおいては、実は問題にならない。インタセプトされないかぎり攻撃側の選手は先にボールに触れているわけで、そのときに例えば利き足にボールが付いている状態なら、まともに敵のタックルを食らうことはまずない。タックルの足が届くまでの時間にボールを動かすことは十分可能だからだ。ハンドボールなど、手を使う球技では先にボールに触られたが最後、守備側がボールを奪うのはほとんど不可能になっている。サッカーでそれができないのは、足でボールを「掴めない」からだ。逆にいえば、ボールを足で掴んでいるのに近い状態でプレーできるかどうか、そのレベルの差が競技レベルそのものを変える。速攻できるチームとできないチームを分け、得点できるチームとできないチームを分ける。「止めて蹴る」がすべてとは言わないまでも、ほぼすべてではあるかもしれない。

サッカーの本質を知らないものに限って
やたらと数字を語ろうとする。
セオリーを知らないからこそ、
あたかも並ぶ数字が本質だと解釈してしまう。

ファビオ・カペッロ

データは使いようだ。数字はただの数字にすぎない。そこに何の意味を見出すのかによって、数字は使えたり、使う価値がなかったりする。本質的なセオリーを知らないと、数字に振り回されてしまいかねないわけだ。一方で、監督はデータの採取者よりもたいがい年長者であり、テクノロジーに弱いところがある。いまどき、経験と勘だけに頼る監督はどうかとも思うが、我々がスマートフォンの仕組みを知らなくても使えるように、監督もよく知らないままデータを使っている場合が多いに違いない。

考えることなしに直感でプレーできるようにしなさい。

ドンジーニョ

これはなかなか言えない。「考えなさい」という指導者はたくさんいるが、「考えるな」はまるでブルース・リーだ。実際、サッカーは直感でプレーすることが多く、直感で正解を叩き出す選手こそが優れている。ペレの場合は正解以上のものを出せた。ペレの父、ドンジーニョもサッカー選手だったという。負傷で芽が出なかったようだが、もしかしたら息子同様の偉大な資質の持ち主だったのかもしれない。息子に何かを見たのだろう。「考えることなしに直感でプレーしなさい」とは、なかなか言えない。

ゴール前では何も考えるな。

ゲルト・ミュラー

余計なことを考えるなという意味と、考えている時間はないという意味、その2つが含まれていると思う。

ピッチはいつだって四角だし、ボールはどこでも丸い。

ロナウジーニョ

このコメントがどう響くかは言う人による。ロナウジーニョが言えば「ああ、この選手は自信があるんだな」になるが、普通の人が言ったら「それで?」になる。当たり前すぎることを言ってサマになるのは、当たり前でない人だ。

※PSG移籍に際して不安はないか?　という質問に答えて。

蹴る・走る・考える

私は選手たちの足ではなく、頭を練習で鍛えさせる。

ルイス・ファンファール

走れなかったら、どうやってサッカーをやるんだ？
ボールを持っていたら相手がとりに来る。とられないためには走る。
とられたら走って奪いに行く。ルール以前の問題だ。

イビチャ・オシム

オシムはよく「走らない」と嘆いていた。その一方で「走るだけじゃダメだ」とも言っている。そもそも何も考えずに選手は走れない。サッカー選手は目的なしに走れないのだ。逆に言えば、走るなら何かアイデアがあるはずで、アイデアがないから走れない。オシムはまず「走れ」と強制することで、何のために走るのかを考えさせていた。走りながら考える、である。

大切なことはいかに走るか。考えないで走り回る選手はよくない。考えるけど走らない選手もよくない。頭と足が常に機能していないといけない。

ミハイロ・ペトロヴィッチ

ミシャの定番メニューがタッチ制限付きのゲームである。1タッチ、2タッチ、さらにパスを出した味方へのリターンなし……それらを組み合わせて、考えることと走ることを強要するメニューになっている。サンフレッチェ広島、浦和レッズ、コンサドーレ札幌と率いたチームはすべて選手が上手くなった。

動きすぎないこと。
周りが動いた時に止まり、
周りが止まっている時に動くんだ。

ゲルト・ミュラー

得点感覚は図抜けていたが、技術は大したことないという評価だったミュラーだが、あれは過小評価だと思う。ボックス内ではトラップもシュートも上手かった。ピタッと止まれるし、そんなに強力ではないがゴールの隅にピシャリと蹴ることができた。凝った技術を使わないだけで、止める・蹴るは上手かったし、誰よりも機敏だった。

急発進と急停止。ミュラーがやっていたことは本人の言うとおりだ。人よりも速く動けて、速く止まれる。ボールをピタリと止めれば、敵も止まるのだ。ボールが動いているから敵も動く。敵を止めてしまえば、その瞬間に動けばいい。初速でミュラーに勝てるDFはいない。勝負ありだった。

ボールを止めるというが、実際には動いてしまっている場合が多い。上手い選手は本当にボールを止められる。ボールが動かない。その技術があるから、逆にボールを動かすこともできる。動かすのと、止めたつもりで動いてしまっているのでは大違いである。ミュラーは止めるときは、本当にピタリと止められた。

パスより速い選手はいない。

走るより遅いパスを出す選手はいる。ボールが人より速いのは確かだが、あまりそれを過信しすぎてもいけないように思う。ボールを扱っている人はあまり速くはないからだ。

ジョゼップ・グアルディオラ

サッカーはボールが走るのであって、選手が走るのではない。

ジェルソン

ヘビースモーカーだったというジェルソンだが、「2つの肺を持つ男」とも呼ばれた。ただ、無駄に走り回るタイプではなかった。どっしり構えて的確に散らすプレーメーカーだ。ロングパスの精度に定評があり、フィールドを見渡してどこにでもボールを届けた。40メートル、ボールと一緒に走るより、その距離をパスしたほうがはるかに速いのは確実ではある。

走ることは多くしても、走らされることは少なくする。

城福浩

ボールを保持するか、保持されるか。あるいは、同じ守備でも能動的か受動的か。いずれにしても走ればいいというものでもなければ、走らないほうがいいわけでもない。陸上競技ではないのだ。走るか否かは問題ではない。走った結果、何をもたらせられるか。走らなかった結果、どんなことが起きるのか。走るのは手段にすぎない。走ったほうが良ければ走らなければならず、走らないほうが良ければ走ってはいけない。

世界記録を更新しても、ボールより早く走れませんから。もしボールより速く走れるようになったらオリンピックに出たいですね（笑）。

ロベルト・カルロス

ロベルト・カルロスの蹴ったボールより速く走れるなら、オリンピックどころではない。ただ、試合では常にボールが最大スピードで動いているわけではなく、ボールコントロールの時間もあるので、走力がボールの速さを上回る、またはボールの速さのアドバンテージを帳消しにすることは普通に起こる。単純な走力とボールスピードの差だけでは語れないところはあると思う。ただ、スピードにおいて人間がボールに勝てないのは事実なので、現在よりさらにパススピードとコントロールの精度が上がっていけば、守備側はほとんどボールを奪うチャンスはなくなっていくはずだ。バスケットボールやハンドボールはすでにそうなので、サッカーもいずれそうなるかもしれない。メノッティの有名な言葉のように「サッカーは人間が進化することで進化する」わけだが、サッカーにおける人間の進化が、人がボールより速く走ることではなさそうなのは明白だ。

私はもう、10年前ほど速くないかもしれない。
しかし今は、もっとよく見えるようになったし、
若くて速かった頃のようにエネルギーを消費しない。

ヨハン・クライフ

プロ選手も晩年にさしかかると「サッカーがわかる」ようになるという。しかし、たいていはわかったときには体が動かなくなっている。

※現役時代、ベテランの域に達した頃に。

目、それ自体は見ることができない。
耳、それ自体は聞くことができない。
ものを見るのは精神であり、音を聞くのは精神である。

デトマール・クラマー

人の話はちゃんと聞け。そう言われるよりも、確かにこのほうが心に響く。サッカーはシンプルだが、サッカーを伝えるための言葉となると案外複雑になってしまうものだ。監督やコーチは、じつは何度も同じことを言っていることが多い。言う必要があるからだが、同じことを言い続けると聞き流されてしまうので、違う言い方を探さなければならない。

「聞く」(hear)と「聴く」(listen)は別物だ。「見る」(see)と「観る」(ovserve)も別物だ。

ハンス・オフト

頭を使うかどうか。剣豪・宮本武蔵は「見」と「観」を分けている。対峙する相手と、全体。近いものと遠いもの、そのスイッチを切り替えていくのが肝要だそうな。「見る」と「見抜く」のも違う。目に映っているものは同じでも、そこから何を読み取るかは偉大な選手と普通の選手の差として表れる。

3000回もリフティングを続けられることが優れたフットボーラーの証拠？　とんでもない。いい選手とはボールを一回触っただけでどこに蹴るか、走るかを理解している者のことを言う。

バリー・フルスホフ

アヤックスの名選手だったフルスホフは、クライフと言うことが似ている。「1タッチでプレーする選手は素晴らしい。2タッチならまあまあ、3タッチは良くない選手だ」と、アヤックスのチームメイトも言っていた。オランダのサッカーは洗練を良しとする。無駄を嫌い、合理性を重んじる国民性と合致している。少し意地の悪い言い方をすると、どれだけ要領良くやれるか。たまに要領良くやろうとしすぎて足下をすくわれ、合理性を重んじるあまり頑なになってしまうこともあるが、オランダのサッカーは明確なロジックと特徴がある。

ストライカーは守備を疎かにすると言う人もいますが、
本当に優れた選手は違います。
真のストライカーは愚かではないので、
守備に貢献したほうが得点の機会が多くなることを知っています。

ファン・アルベルト・バルバス

言葉の前に「バルバスって、誰だっけ」と検索してみたら、アルゼンチン代表で1982年スペイン大会にプレーしていた人だった。そういえば1979年のワールドユース大会で日本にも来ていた。守備からリズムをつかむFWがいるのはバルバスの言うとおりかもしれないが、守備に割くエネルギーをあえてセーブするFWもいる。メッシやロナウドは明らかに守備をセーブしている。ただ、彼らは年間40～50得点もするスーパーゴールゲッターなので例外ともいえる。そうでない人は守備はやらないといけない。

プレーの出来は敵のプレーの質に対応する。

オットー・レーハーゲル

レーハーゲル監督はブンデスリーガでいち早くゾーンディフェンスを導入した指導者だった。ヴェルダー・ブレーメンのときには、そのために奥寺康彦を獲得している。当時は最先端の戦術家だった。２００４年のユーロではギリシャを率いて優勝している。ところが、そのときはリベロを置いた徹底したマンツーマンディフェンスだった。「敵のプレーの質に対応」というのは、ギリシャのイメージだ。敵に対応できなければプレーの質は間違いなく下がるからだ。

速い相手には速い選手にマークさせ、強い相手には強い選手。唯一の例外が左サイドバックで、左サイドバックだけは相手の動きに関わらず左サイドにいた。自陣左サイドには左利きの選手が必要だからだ。このマンツーマンながら例外のある編成は、かつてカテナチオと恐れられたイタリア代表と同じだった。

ギリシャの戦術は間違いなく古くさく、猛烈に守備的だったが、新しいか古いかはチームの強弱とイコールではない。ヨーロッパを制した２００４年以降、ギリシャは何のタイトルも獲れていないし、ほとんど注目されるような活躍もしておらず、あたかもひと夏の夢のようなユーロ２００４だった。ただ、こうしたチームは不定期に現れていて、これからも現れると思う。

マークされていると、こちらにも相手が見えているから、かえってやりやすい。マークされているということは、自分も相手をマークしているということ。

ケビン・キーガン

相手にマンツーマンでべったりマークされることも多かったアルフレード・ディステファノは、相手のエースをマークするという奇策を用いていたという。ディステファノを抹殺することで11人対11人を10人対10人にしようとする相手に対して、10対9にしてしまうわけだ。

マークするのは、マークさせるという考えに及ばない。

イビチャ・オシム

マークしなければならない相手は攻撃力がある選手である。守備は苦手なタイプが多い。だから、マークするよりマークさせてしまえば一石二鳥なのだ。ジェフ市原時代の阿部勇樹がマークしながら相手にマークさせる選手だった。西ドイツの名サイドバックだったパウル・ブライトナーも、相手のウイングをマークするよりもっぱら攻め上がってマークさせていた。ブラジルのジュニオールもしかり。バイエルン・ミュンヘンと対戦する相手にとって、バイエルンのＤＦであるフランツ・ベッケンバウアーをいかに抑えるかが常に大きな問題になっていた。

ゲームはボールが作る。
だからボールを失ったらできるだけ早く取り返す。
僕がボールを持っていたら君は攻められないだろ。
こちらがボールを持っている時間が長くなるほど、
敵は疲れ、混乱していく。

シャビ・エルナンデス

理屈はそうだが、そのとおりにできるチームはそう多くない。しかし、シャビのプレーしたバルセロナはまさにそうだった。「ボールを持っているだけでは意味がない」と言う人は多い。「自陣でボールポゼッションが高いのは意味がない」と言う人とたぶん同じだ。では、敵陣だけでポゼッションが高いチームというのはあるのだろうか。自陣でボールを失わないチームに対しては、強引にハイプレスを仕掛けるか、諦めて撤退するかになる。ハイプレスを外されれば自動的にカウンターにさらされる。諦めて撤退すれば、相手は簡単に攻め込んでくる。自陣でボールを保持していて結局奪われるから意味がなくなるだけで、失わないレベルなら全然話は違うのだ。ボールを人事にするバルセロナは、フィニッシュへのアプローチを何度も諦めている。失いそうなら無理はしない。辛抱強くボールを持ち続けて、ここという瞬間に刺す。何度も諦めてボールを回し続けるから守備が崩れていくし、失ってもその場で奪回しやすい。「ゲームはボールが作る」のだ。ただ、ボールにゲームを作らせる理屈は簡単だが実行するのは簡単ではない。

良いサッカーをしたが
運が悪くて勝てなかったと口にする監督がいる。
良いサッカーをしなかったから負けるのだ。
何か過ちを犯すから負けるのだ。
相手が上回っていたから負けるのだ。
私は常に負けに対する理由を見つけ出し、チームを強化する。

ジョゼ・モウリーニョ

分析力に定評のあるモウリーニョ監督は対策の名手でもある。ただ、それゆえにモウリーニョの率いるチームの賞味期限が3年を越えることがない。全方位的に対応できるチームを早く完成し、対策をもって勝つ。そのために縦軸に信頼の置ける選手を並べ、彼らのストロングポイントを発揮させる。それで早くチームが出来上がるのだが、出来上がりが早いだけに進歩も早く止まる。チームが完成した時点で、あとは対策を乗せていくわけだが、対策は相手への対応なのでチーム自体は進化していかない。これまでのところモウリーニョ監督のチームは2年を過ぎるとピークを越えてしまう傾向がはっきり出ている。

自分はこれまで25000試合のビデオを分析したが、サッカーの歴史上、戦術というものは28種類しかなく、そのうちの19種類は守備的なもので、残りは攻撃的なものだ。

マルセロ・ビエルサ

母国アルゼンチンのニューウェルスで監督のキャリアをスタートさせたころ、「この選手の動きを見ろ」と選手たちに映像を見せた。ヤリ・リトマネン、アヤックスで活躍したスターだ。しかし、ビエルサ監督が映像を見せたころのリトマネンはまだアヤックスの選手ではなく、フィンランドでプレーしていた。フィンランドの無名選手の映像を入手していたこと自体が驚きである。まだインターネットも普及していない時代なのだ。ビエルサはそういう監督なので、25000試合を真面目に分析したのは確かだろう。

川にも瀬があり、渕があり、落ち込みがあり、
流れは必ずしも一定しない。
サッカーでも速攻一点張りでは成り立たない。
タメがあって速さが生きる。

川本泰二

「私は今とても急いでいるので、服をゆっくり着せてくれ」と、ナポレオンは言ったらしい。速くしたいときに慎重さが必要になり、確実にいきたいときにも速さが要る。同じことを同じように繰り返すよりも、同じと思わせて違うことをやるほうがサッカーでは効果があるようだ。

サッカーにおける技術は、
小説家のボキャブラリーのようなもの。
語彙の少ない小説家は優れた小説を書くことはできない。

アーセン・ヴェンゲル

修飾語の多すぎる小説は読むのがしんどい。語彙が少なすぎると小説は書けないかもしれないが、多ければいいというものでもなく、おそらくボキャブラリーは多い少ないよりも的確に使えるかどうかのほうが重要だと思う。サッカーの技術も種類の多さよりも、的確に使えるかどうか、精度がどうかが問われる。

対戦チームが、あるサイドからプレスをかけてくる。
実際には、われわれがピンチになるのは反対側のサイドなのだ。
危険に見えるところほど、そんなに危険ではない。

イビチャ・オシム

敵が多い場所には相応に味方も多い。プレスされて奪われても、同じエリアなら意外と守れる。危ないのは人が少なくてスペースがたくさんある場所になる。アルゼンチンの伝統的なプレースタイルは、あまりサイドチェンジを使わない。狭く攻めたほうが、失っても狭く守れるので安全だという考え方なのだそうだ。もちろん片側に人が多ければ反対側はそうでないから、奪われた後の逆サイドへの展開は要注意事項である。同時に、狭いエリアでキープできたときに最後の勝負どころは反対サイドになるわけだ。フィールドを広く使えとよく言われるが、わざと狭く使っておいて最後に広さを確保するという考え方もある。

サッカーで最も難しいのは3人目のプレーヤーを生かすこと。
1人がボールを持ち、他のプレーヤーがパスをもらおうと走る。
このとき3人目が他のサイドを走るのが大事。

ヨハン・クライフ

「3人目の動き」は昔から、たぶんサッカーが始まったころから言われてきたことだと思う。ただ、いまだに同じことが繰り返し言われ続けられている。サッカーはずいぶん進歩したように思うけれども、案外変わっていないところも多いのだろう。

攻撃的なチームを作ろうとすればするほど、相手からボールを奪うという観点で、守備的な規律やルールが必要になる。

ジョゼップ・グアルディオラ

攻撃力はボールがなければ発揮できないので、攻撃的なチームには常にボールが必要となる。ということは、相手のボールはなるべく早く奪ってしまうほうがいい。そのための規律が必要になる。グアルディオラ監督がバルセロナを率いていたときに「ボールを失ってからの5秒間はフルパワーで奪い返しに行く」という規律を課していたのは有名だ。グアルディオラの志向するプレースタイルについては信奉者もいる半面で、ユルゲン・クロップのように「退屈だ」と言う監督もいる。ただし、ボール奪回のための即時のプレッシングに関しては異論を唱える人はおらず、グアルディオラの影響が最も強い部分かもしれない。

敵が得点できるのは、ボールが敵の足にある時だけ。
そのボールを奪えば、相手はゴールできない。

ジョルジュ・アンドラーデ

ポルトガル代表の名ＤＦだったアンドラーデ。こういう選手が言うから説得力があるコメントだ。当たり前のことを言っても格好がつく選手は素晴らしい。

パスは未来に出すものだ。
決して、現在でも過去でもない。
パスは未来を切り拓くためのもの。
だからこそ、前へという意識を持て。

アーセン・ヴェンゲル

「月に向かって打て」は東映フライヤーズの打撃コーチだった飯島滋弥が大杉勝男に言った名言だが、ヴェンゲルの「パスは未来に出せ」も響きがいい。

監督という仕事

ピッチの上で起きていることが、
私の能力です。
イビチャ・オシム

勝者のフォーメーションというのは存在しない。
4―4―2で戦うことも、4―3―1―2で戦うこともできる。
大事なのは、選手の適性を見て、
チームを正しい形にすることなんだ。

カルロ・アンチェロッティ

アンチェロッティ監督はパッチワークの名人である。強力なオーナーやフロントの下でチームの指揮を執って、彼ぐらい間違いのない人はいない。
チームは選手の集まりなので、選手の適性を生かすのがチーム作りの鉄則だが、それだけでは上手くいかない。なぜなら、ある選手の特徴を生かすためには、他のある選手を犠牲にしなければいけないということがほとんどだからだ。チーム全員がそれぞれの特徴を存分に発揮するのは理想だけれども、たった11人の組織でさえそれはほぼ不可能なのだ。

さらに上の意向というものもある。監督はチームの最高責任者だが、クラブの最高権力者は会長やオーナーであり、監督はその意味では雇われの中間管理職にすぎない。監督の本意でなくても起用しなければならない選手、起用してはいけない選手、放出しなければならない選手、獲得が決まっている選手がいる。

アンチェロッティは最大多数の最大幸福を実現すべくパッチワークを作り、犠牲を強いられる選手を説得する。会長の顔もきちんと立ててやる。自分が雇われている立場であることを弁え、そこから逸脱したりしない。それでいて、だいたいちゃんと結果も出す。似たタイプとしてはクラウディオ・ラニエリ監督がいるが、こちらは配管工事が上手くいかないことも何度かあり、「ティンカーマン」（下手な鋳掛けや）なんて呼ばれることもあったが、彼らはある種のミラクル・ワーカーである。

名騎手であるために前世が名馬である必要はない。

アリゴ・サッキ

プロ選手経験のない監督への世間の疑いに対する、鮮やかなカウンターだ。選手と監督は別の仕事である。違う資質が要求される。ただ、前世が名馬なら、それにこしたことはない。

学ぶ時間が長いからさ。

ジョゼ・モウリーニョ

現役時代に「試合に出られる時間が少なかった分、外からサッカーを見て学ぶ時間が長かったことが大きい」と監督として大成できた理由として語った。

試合に出られないと、試合そのものをろくに見なくなる選手もいる。モウリーニョには選手のころから監督の資質があったわけだ。

私はサッカーをはじめてから、
自分より下手な選手としか接したことが無いので
誰よりも彼らのことがわかっている。

ヨハン・クライノ

どうなんだ、これ。下手なやつしか会ったことがないから、連中のことはよくわかっているよ。そんなのあるか？　下手な立場になってみないと、わからんこともあるのではないか。貧乏人はごまんと見てきたと言われても、金持ちに貧乏人の苦労がわかるとは思えないのだが。

オランダ代表のキャプテンとして、試合に出られない選手に気を遣っていたという話は聞いたことがある。でも、クライフが本当に理解できていたかはわからない。

代表監督はマゾヒストでなければ務まらない。

アーセン・ヴェンゲル

監督の愚痴を聞くと、実は山ほど出てくる。普段はそんなことはおくびにも出さないが、不平不満はものすごくあるのが普通だと思う。逆境こそ友、プレッシャーが生き甲斐というタイプでないとたぶん務まらない。

代表監督というのは総理大臣の次に嫌われる仕事。

オズワルド・アルディィレス

場合によっては、総理大臣よりも嫌われる。

自分は岡田武史ではなく代表監督なんだ。

岡田武史

ファンのために、国民のために仕事をしているのに、そのファンや国民から嫌われる。そうかといって安易に迎合するわけにもいかない。自分をみそくそに叩いた連中を幸せにするために働き続ける。奉仕の精神ここにあり、何と素晴らしい仕事であることか。

※フランスW杯で三浦知良を代表から外した時の心境について。

代表監督の仕事は、
異教徒に囲まれながら讃美歌を歌うのに似ている。
どんな方策をとろうとも、
彼がやることは決定的な間違いだと、
強い調子で批判を浴びる。
それが止むのはW杯で優勝した時だけだ。

クリストファー・ヒルトン

スポーツライター、クリストファー・ヒルトンの言っていることはおおむね正しい。1986年W杯で優勝したアルゼンチンのカルロス・ビラルド監督は決勝まで批判され続けたが、ファイナルでは「ごめんなさい」の横断幕が張られていた。1994年に優勝したカルロス・アルベルト・パレイラ監督は試合前に名前がコールされたときには大ブーイング、優勝しても一部では批判されている。世界一になれば、まず文句は出ない。だが、間違ったままでも優勝することはありうる。結果を出すためにやっているのだから、結果が出ればすべて正しいということはできるかもしれない。では、結果が出なければ全部間違いなのか。過程と結果は必ずしも一致しないのだ。W杯で優勝したぐらいで批判がすべてやむとはかぎらない。「異教徒」の数が減るだけだ。

自分のやり方を変えることのできる監督は、実はほとんどいない。

セルヒオ・ラモス

フリスト・ストイチコフはバルセロナに所属していた頃、「ファンハールなんかにボールの蹴り方を教わりたくないね」と言っていた。たぶんその前の監督であったヨハン・クライフには「ボールの蹴り方」を教えられていたのだろう。ただ、プロ選手はすでに一芸の持ち主で、ラモスの言う「自分のやり方」をそれぞれが持っている。監督が変えられるのは「やり方」ではなく、頭の中である。考え方やアイデアが変わることで、結果的に「やり方」が変わることがあるだけだ。

監督は長期的な真実を悟ってもらうために、短期的に選手と戦わざるをえない。

アーセン・ヴェンゲル

ヴェンゲルの言う「長期的な真実」が、誰のための真実かによって話は違ってくるのではないだろうか。監督もそうだが、選手は個人事業主である。短期的な不利益が致命的になることあるわけで、選手側からすれば短期的な真実のために監督と戦わなければならないこともあるかもしれないので。

監督の仕事は、ワイン作りに似ている。
そのとき手に入るブドウ（選手）から、
最上のワイン（チーム）を作らなくてはならない。

ファビオ・カペッロ

ワインの格は産地と、どの年に獲れたのかで決まるらしい。カペッロがチームをあえて「ワイン」に喩えているのは、それなりの選手ならそれなりのチームにしかならないという意味を含んでいるものと思われる。

システムというのはスーツみたいなものだ。
私に合うスーツでも、別の人には合わないことがある。
テーラーが、その人に合わせてスーツを仕立てるように、
選手たちに合わせてシステムを考えるのが当然だろう。

デトマール・クラマー

ところが、着る人のサイズと関係なくスーツを作る監督はいる。「バルセロナ」になろうとするチームの大半が着るのはブカブカのスーツだ。

ロジックな理想論は誰にでも語れる。でも実際に選手たちにやらせるのは、簡単なことではないんだよ。

イビチャ・オシム

ロジックは頭で理解するもの。理解には主に言語を使う。これが選手にとってロジックを吸収するうえで障害になっていると思う。サッカーのプレーは、いちいち言語を使って行われていない。言語的な理解をプレーに反映させることもないわけではないが、目視したものから瞬間的な判断を行うことがメインになる。自動車の運転と似ていて、初心者でなければ、いちいち言語を使った判断はほとんどしていない。逆にいえば、ロジックが習慣的に体に染みついていないと使えない。「実際に選手たちにやらせる」のが簡単でないのは、ロジックを言語的に意識しないレベルまで習慣化するまでに時間がかかるからだろう。馴染みのないロジックをそのレベルまで落とし込むのは、選手によっては不可能に近いかもしれない。

サッカーにはひらがながあって、カタカナがあって、漢字がある。小学校の時には、漢字を全部覚えなくてもいいいんだよ。小学生らしくサッカーをすればいい。遅れてないんだから。高校に入ってから漢字を覚えればいい。

セルジオ越後

小学生でも漢字を全部覚えたほうが有利だから、全部教えようとする。そうすると、何か肝心なことが抜けてしまう。そして、それは後から補おうとしてもできなかったりする。サッカーに子供も大人もないが、子供と大人が同じでないのは自明である。子供に大人と同じことを期待するほうがおかしいわけで、つまり子供の指導者はすべて忍耐力が必要になるわけだ。プレーするのは子供、監督は大人。大人の考えに子供を合わせるのは無理がある。もし、監督が大人の頭でしか考えられないなら、いっそ監督も子供にしてみたほうがいいのではないか。

監督の値打ちは結果ですよ。昼寝していても勝てるのであれば、昼寝しているのが正しい。

加茂周

監督の値打ちを「過程」で判断するのは非常に難しい。よく「内容で判断する」と言う人もいるが、そういう人にかぎって試合を見ても「内容」がわからない。試合の「内容」について最も正確に判断できるのは、たぶん監督本人だと思う。そうなると、結果をもって監督の価値を判断するのが最もフェアな基準になるのだ。わかっていない人から内容にケチをつけられるよりも、「結果が不満だから」という理由で解任されるほうがよほどスッキリするのではないか。

背中に感じた芝生、見上げた空の色は忘れるな。
ベンチにいた選手は、居心地の悪いおしりの感触をわすれるな。

西野朗

名実況・山本浩さんも顔負けの表現力。西野監督はちょっと「ポエマー」なところがあって、記者会見で言っていることがよくわからないときもあった。しかし、ワールドカップの大舞台の最後の最後でこの言葉が出てくるとは、さすがは勝負師。それともワールドカップの魔力か。

試合に出たくてしょうがない
たくさんの選手を率いていくというのは、
すごく難しいことだし、
選手と違って、ピッチの上でそれを発散することも出来ないから、
ストレスはたまるばかりだろうし、
正直言って、やってみたい仕事じゃないね。

パオロ・マルディーニ

パオロ・マルディーニの父親であるチェザーレ・マルディーニはイタリア代表監督も務めている。選手としては息子のほうが偉大だったが、父親も有名だった。親子でサッカー選手という例はけっこうあり、親子で監督というのも数こそ少ないがないことはない。ジョゼ・モウリーニョの父は監督だったし、スチュワート・バクスターの父親も監督だったそうだ。バクスターの場合は、「自分が選手だったころに、父親から何も言われなかった。それが良かったのだと思う」と話していた。イビチャ・オシムの息子（アマル・オシム）もボスニアで監督として成功していて、Jリーグでもナビスコップ優勝監督だった。パオロがいつか監督になっていてもそんなに不思議ではない。

私は厳しい監督と言われますが、そうではありません。
真面目なだけです。
そして選手にも真面目であることを要求します。
レアル・マドリーの選手たちは技術的には全く問題ない。
どこまで真剣にサッカーに取り組めるかが問題だったのです。

ファビオ・カペッロ

レアル・マドリーの監督に就任したカペッロは「カペッロの十戒」を選手たちに示したという。「ミーティングでは携帯の電源を切れ」といった当たり前のことも多いのだが、「食事中はパンを投げるな」というのがあり、これだけは覚えている。スペイン人は食事中にパンを投げるのだろうか。そもそも、そんなことも禁止事項にしなければならないのだろうかと非常に疑問だったわけだ。「技術的には全く問題ない」レアルの選手について、「どこまで真剣にサッカーに取り組めるかが問題」と、カペッロは言っているが、食事のたびにふざけてパンを投げ合っているようでは、やっぱりこれは問題あるわな。

選手にとっていい監督とは自分を使ってくれる監督。
しかし、みんなにいい監督だと思われるのは無理です。
そこをあきらめられる覚悟が必要です。

岡田武史

選手にとって良い監督である必要はなく、プロの場合はファンにとって、スポンサーにとって、クラブにとって、良い監督かどうかのほうがはるかに重要だ。選手の顔色をうかがっている場合ではない。ただ、それほど重用しなかった選手からも「良い監督」と評価される場合もないわけではない。

私にとって選手とは三通りある。
私が望まぬことをやる選手。
私の指示にしたがい私の臨むことをやる選手。
そして何も言われずとも私が望むことをやる選手

ジョゼ・モウリーニョ

選手にとって監督は三通りある。選手が望まないことを強要する監督。望みどおりの指示を出してくれる監督。そして何も言わないのに、望んでいなかったかったことすら実行したくなる監督。

11の個、1の組織

ゲームは11人で勝つか、
11人で負けるかのどちらか。個人ではないのさ。
チームで戦うということなんだ。
フランチェスコ・グイドリン

僕たちは個の集合体ではない。
チームそのものが「個」なんだ。

シャビ・エルナンデス

バルセロナは確かに1つの「人格」を持つチームといえる。どうプレーするか、それはなぜかが明確にある。どう生きるか、それはなぜかが明確にある人はどれぐらいいるのだろうかと、ふと考え込んでしまう。

サッカーというのは、
ある意味で個性を全部出さなければならないんですが、
その個性を全部出すことで、
チームが歪んでしまうこともある。

反町康治

これは長所が弱点になりうるということで、個々の長所を全部出そうとすると、弱点ばかりが目立つという結果になりがちである。かといって、弱点がないようにすると長所も十全に発揮できなくなるからサッカーはめんどくさい。歪みをただすのが監督の仕事だが、反町監督は敵の歪みを見逃さないタイプでもある。

我々は常に前に進んでいく一台のバスである。
乗り込んで心ゆくまで旅を楽しむか、
降りて去っていくかは君たち次第だ。
君たちがいようといまいと、バスは進んでいく。

アレックス・ファーガソン

マンチェスター・ユナイテッドは数々の名選手を獲得して歴史を作ってきた。フォーガソン監督に最初のリーグタイトルをもたらしたのはエリック・カントナだ。その陰で、「バスを降りた」選手も大勢いる。降ろされたというべきかもしれない。ファン・セバスチャン・ベロンは大いなる期待とともにユナイテッドにやってきたが、大きな失望とともに去っている。香川真司もチームのプレースタイルを変えられる選手として獲得されたが、そう簡単にチームのスタイルは変わらず、ファーガソンが退任した後は居場所を見出せずに放出された。

デイビッド・ベッカムやクリスティアーノ・ロナウドのように自らバスを降りた選手もいる。個人としては有名だが、ユナイテッドの選手としては「そういえば、いたっけ」という人もけっこういる。デイビッド・プラット、カレル・ポボルスキー、ディエゴ・フォルラン、アンヘル・ディマリア、ラダメル・ファルカオなどなど。去る者がいれば来る者がいる。確かに「いようといまいと、バスは進んでいく」のだ。

一時的に能力がないと評価されたとしても、
その人の適正を見極め、合った仕事を与えれば、
その人は必ず組織の期待に応えてくれるようになる。

ジーコ

適性を見極めるのは意外と難しい。周囲がこっちのポジションのほうがいいと言っても、本人が納得しないというのはよくある話。人にはそれぞれ適性がある、才能がある。ところが、才能というのはほぼ生まれつき持っているものなので本人は意識していないことがある。周囲から「字が上手い」「歌が素晴らしい」「顔がいい」「声がいい」と言われても、それは本人にとって特筆すべきことでもなく普通なので実感がない。そんなに努力もせず、あるいは努力しているという自覚もないまま身についている能力なので、自分の才能の価値に意外と無頓着なのだ。やりたいことと、できることが違っているケースになると、いっそう物事がややこしくなる。少年時代はFWだったというDFは非常に多い。プロのセンターバックの多くは、どこかで監督の勧めでポジションを変えている。強制的にそうなることもある。やりたいことをやり続けるのが幸せか、チームや組織や社会のために役立つことをやるのが幸せか、そのへんは何とも言えない。サッカーに限れば、チームゲームであるという実感をどれだけ持てるかにかかっているかもしれない。

僕にジダンのプレーはできないが、彼もこちらの仕事できない。

ジャンクロード・マケレレ

オールラウンドプレーヤーという言葉は昔からあり、選手に課される役割は増加の一途である。攻撃も守備もできなければならなくなった。それでも、誰もがジダンのようにボールを扱えるわけではなく、マケレレのように守ることもできない。ジダンにマケレレの仕事はできず、マケレレもジダンになれないが、2人が揃うことでオールラウンドプレーヤー2人分以上の効果があった。これからもサッカーは進化し、より完璧な選手が求められていくだろうが、スペシャリティの価値がなくなることもないだろう。いつの時代でもそれが試合を決めるに違いない。

俺のプレーなんて誰にでも出来るレベルだよ。
けどな、俺ぐらいやるのは簡単じゃないぜ。

ジェンナーロ・ガットゥーゾ

ガットゥーゾがイタリアのマケレレなら、ジダンはアンドレア・ピルロである。ガットゥーゾとピルロのコンビも見事な補完関係だった。面白いのは、ピルロの横でプレーするうちにガットゥーゾがピルロの技術と戦術眼を身につけていき、ピルロはいくぶんガットゥーゾ化していたことだ。

優れたフットボーラーはフットボールを二度生きる。

ペペ

ペペはサントスの名ウイングだった。爆発的な左足のキックは有名で、ペレやコウチーニョと組んだアタックラインは世界最強といわれていた。Ｊリーグ開幕の直前まで読売クラブの監督を務めている。

読売クラブ監督のときに、大ベテランの域に入るラモス瑠偉の起用法について聞くと、ペペ監督はフェレンツ・プスカシュの話をしてくれた。プスカシュは1950年代のスーパースターだが、ハンガリー代表の〝マジック・マジャール〟のエースだったころと、レアル・マドリーに移籍した後ではプレースタイルを変えていたという。ホンベドやハンガリー代表のころは左のインサイドハーフでプレーメーカー兼ゴールゲッターだった。レアルではゴールゲッター兼プレーメーカーになった。ほとんど違いはないようだが、よりゴールに近いポジションをとってフィニッシュワークに重点を移したという。レアルには同じくプレーメーカー兼ゴールゲッターのアルフレード・ディステファノがいたからだが、運動量をセーブしてゴールへの比重を高めた結果、選手生命を伸ばすこともできた。

レアルに移籍した当時のプスカシュは全盛時から10キロも体重オーバーだったという。ホンベドの遠征中にブダペストにソビエト連邦が軍事介入する事件が起こり、プスカシュはじめ数名がそのまま亡命していた。ブランクの間に太ってしまったらしい。レアル入団したときには、もう終わった選手とみられていた。

一般社会のあり方と同じですよ。
皆が存分に自己表現できる場を作る。
一人一人が幸福でいられるようなルールを作り、
皆が互いのためにそれを尊重する集団を作る。
それが私の哲学です。

アーセン・ヴェンゲル

アーセナルのヴェンゲル監督は、そういうわけでとても柔軟だった。一方、柔軟であることにひどく頑固でもあった。民主的、あるいは選手の成長を辛抱強く待つやり方は、だんだん時代に合わなくなっていた。法外な移籍金を払って有力選手を獲得することに疑問を持ち、時代に流されることはなかった。やがてファンも焦《じ》れ始め、長い長いヴェンゲルのアーセナルにおけるキャリアも終わりを迎えている。それでも10年間もリーグタイトルなしを許容されたのは、ヴェンゲルの理想が気高く、それが実現したときの幸福感を共有した経験があったからだろう。

赤信号でも車が来ないと分かっているなら渡ってしまえ。信号を守るのは身の安全を確保するためであって、規則を守ること自体が目的ではないはずだ。

フィリップ・トルシエ

規則は手段であって目的ではない。ちなみにドイツだと信号無視はかなり厳しく怒られる。車も止まらない。安全確保のための規則なのだから守らなければいけない。トルシエ監督の母国フランスでは、あまり信号を守る人がいない。

誰か他の人からパスをもらうことなしに、私がゴールしたことは人生で一度もありません。

アビー・ワンバック

サッカーは1人でするものではない。米国女子代表のストライカー、ワンバックの言う「パス」には、敵のミスも含まれているだろう。ともあれ、味方の協力なしではゴールは生まれない。人は1人では生きられない。

他人の悪口はいうな。
自分の悪口も言われていないと考えよ。

ボラ・ミルティノビッチ

人の悪口を言う行為が美しくないから止めろという話ではなく、チーム内の疑心暗鬼を払拭するための発言らしい。悪口禁止。個人のモラルを問題にしているのではなく、それがチームの機能性を損ねる、チームのモラルを崩壊させる一因になるから止めろというのがボラらしい気はする。

世界最高のサッカー選手を11人集めても
強いチームができるわけではない。
そこに調和がなければね。

ジネディーヌ・ジダン

それに近いレアル・マドリーにCL3連覇をもたらしたジダン監督。「秩序」とか「一枚岩」とか「一致団結」ではなく「調和」にとどめているところがジダンらしく、レアルで成功できた理由なのかもしれない。

ロマンチスト、リアリスト

例え自身のサッカー哲学が1-0での手堅い勝利でも、
メディアの前では「1-0よりも4-3で勝ちたい」
と言うべきだ。
ハビエル・イルレタ

私は夢想家ではない。フットボールに夢中なんだ。

ユルゲン・クロップ

和訳しないほうがわかりやすいと思う。I am not dreamer. I am a football romantic.

訳すときに気になるのは「ロマンティック」だ。ロマンティックはほぼ日本語化している。「情熱的な」という意味だが、これは訳す必要がないと思う。クロップが言いたいのは、ものすごく情熱を傾けているけれども、現実離れはしていないよということだろうか。それとも情熱的すぎるので、ときどき現実離れもするよということか。英語のドリーマーとロマンティックの語感からすると夢想家ではないということだろうが、言葉の前後がわからないので何とも言えない。

いずれにしても「私はリアリストだ」と開き直られるよりも、ずっとマシな気はする。

理想のサッカーがある。でも、そのためには負けてもいいというほどロマンチストじゃありません。

岡田武史

岡田監督はけっこうロマンチストだと思う。ただ、地に足が着いている。理想のサッカーを続けて負け続ける監督も希にいて、彼らも勝つためにやっているのだが、どう勝つかに執着が強いあまりに足が地面から離れてしまう。岡田監督は地面から足が離れるほどロマンチストではないというだけだ。監督には地に足が着いている人が向いている。アマデウスよりサリエリのほう。ただ、サリエリは浮遊しても勝ってしまえるモーツァルトには決してなれない。

フットボールはアートだ。
ダンスがアートであるようにね。
けれども、アートになるのは上手く行われたときだけだ。

アーセン・ヴェンゲル

果たしてフットボールは「芸術」なのだろうか。芸術とは何かにもよるのだろうが、ヴェンゲルはダンスが芸術ならフットボールも芸術だと言っている。もちろん下手な踊りは芸術にならないので、フットボールも上手く表現されたときだけが芸術になりうると。

誰でも踊れるように、誰でもフットボールをプレーすることはできる。絵を描くのも、楽器を演奏するのも、同じように誰でも可能だが、やはり一定レベルを超えなければ芸術とは呼ばれない。

子供のころからデッサンの天才だったパブロ・ピカソは下手くそな子供の絵を見て、「皆さんのように描けるようになるまで何年もかかった」と話したという。並み外れて絵の上手いピカソが、いわば下手に描くために多大な労力を要したとするならば、芸術に一般的な技能の巧拙は関係ないことになる。

もしそうなら、ヴェンゲルの言う「上手く行われたとき」の「上手く」はフットボールが芸術になるかどうかの基準にはならない。上手いか下手かに関係なく、見た人々に感動やショックや何らかの強い影響を与えるものなら、それは芸術ということにならないか。というより、フットボールはフットボールであって、芸術でなくていいのではないか。もちろん芸術的なプレーがあるのは認めます。

私にとって「攻撃的か、守備的か」というくくり方は存在しない。あるのは「リアリストか、そうでないか」という分け方だけ。

ファビオ・カペッロ

カペッロ監督はリアリストとして知られている。レアル・マドリーで2度監督をやり、2度ともリーグ優勝しているが、いずれも2年目はなかった。リアリストだったからだ。カペッロのレアルは退屈とはいわないまでも、スペクタクル不足と評価された。タイトルはマストだが、それがすべてではない。それでは満足しないのがレアル・マドリーというクラブである。

チームが機能的に分割され戦術が浸透しているチームに対して「守備的」というレッテルを貼る傾向がある。
その反対に、混乱していて選手のタレントに依存しているチームは一般的に「攻撃的」と言われる。

ジョゼ・モウリーニョ

そういうこともあるかもしれないが、必ずしもそうではない。整然としていて個にもさほど依存していない攻撃的なチームなどいくらでもある。モウリーニョ監督は「守備的」というレッテルを有り難くないと考えているようだが、「守備が強力」ならどうだろうか。「守備的」が消極的で面白くないサッカーとはかぎらないが、そのような先入観からなかなか我々も脱却できない現状は確かにある。ただ、この言葉からすると、モウリーニョ監督もその1人ということになるわけだが。

みっともないゴールは決めたくない。

デニス・ベルカンプ

ベルカンプは素晴らしいゴール、美しいゴールをいくつも決めている。ベルカンプのゴールが美しいのは、ボールコントロールやキックの技術そのものが美しいからだが、「みっともないゴール」が何を指しているのかはよくわからない。ボレーシュートを空振りしたけれども、軸足に当たって入るようなゴールだろうか。それともGKとの1対1で2度もGKに当てながら、最後に入れたような得点か。ただ、普通はそういうゴールでも「恥ずかしい」程度であって、「決めたくない」にはならないと思うが。

素晴らしいゴールとそうでないゴールがあるなんて言わないでほしい。ゴールはすべてが素晴らしいものだ。

ロナウド

ロナウドのゴールは「素晴らしい」というより「凄い」という印象だった。驚異的なスピードと重力を無視したようなフットワーク、それにボールがついてくる圧巻のボール感覚。ユニフォームをつかまれたままでも疾走し続け、DFの間をつむじ風のようにすり抜けていった。そんなロナウドにも「ごっつぁん」みたいなゴールはもちろんある。ただ、ロナウドが走るだけでスペクタクルだった。インテルで大怪我をしてからはスケール感が半減してしまったが、それでも偉大なゴールゲッターだったことに変わりない。

９本の見事なゴールと10本の平凡なゴール、
どちらかを選べというなら
僕は迷わず10本の方を選ぶよ。

マルコ・ファンバステン

ストライカーの本音だと思う。ゴールが見事かどうかは見る人の主観が入るが、得点かどうかはただの事実である。ストライカーはだいたい現実主義者なので、ゴールが「どうやって」入るかはあまり気にしない。入れることがすべて。結果だけでは語れないサッカーの中で、ゴールだけは結果がすべてだ。過程が素晴らしいからといって1回のシュートで2点入るわけではない。

ファンバステンもベルカンプに劣らず美しいゴールゲッターだが、そもそも美しいゴールというのは本人の意志でどうにかなるものでもない。ゴール前1メートルのこぼれ球を押し込むだけの状況では、平凡なゴール以外になりようがないわけだ。たまたま美技を発揮するような状況があってこそ見事なゴールになるわけで、いかに資質があっても状況に巡り会わなければ美技にはならない。ファンバステンはドリブルシュートもボレーもヘディングもこぼれ球もPKも入れる万能ストライカーだった。弘法、筆を選ばずというが、その雑食性でベルカンプとは少し違っていたかもしれない。

思いついたプレーのなかで、
いつも一番難しいものを選択することにしている。

ロベルト・バッジョ

１９９４年ワールドカップ決勝、ブラジルとのＰＫ戦でバッジョは一番難しいコースを狙って枠を外した。ゴール上隅。きっちり飛べば、まずＧＫにチャンスはない。ただ、そこへ蹴るには自信と度胸が必要だ。１９８６年のミッシェル・プラティニ、１９９０年のドラガン・ストイコビッチも同じコースを狙ってＰＫを外している。いずれも延長含めて１２０分間をプレーした後のＰＫ戦だった。疲労を考慮すれば、もう少し〝置き〟にいきたくなるところだが、あえて難しい場所を狙ったところに彼らの自信と矜持がみえる。

イタリアのカルチョはつまらない？
お前にはマッカーサーの言葉を送るよ。
戦場においては勝利が唯一の選択であるとね。

ジョバンニ・トラパットーニ

じつはイタリア人にもイタリアのサッカーは「つまらない」と思っている人はけっこういる。トラパットーニもカルチョが面白いと反論しているわけではない。生きるか死ぬかの世界なので「選択肢がない」と言っているだけだ。少なくとも彼にとって、サッカーはエンターテイメントではないのだろう。

イタリアは敵を倒せないが、敵がイタリアに負けることはある。

ヨハン・クライフ

イタリアの伝統は「負けない」サッカーだった。攻め込まれはするが失点はせず、隙をついて得点を狙う。敵が勝ち損ねるとイタリアが勝つ。ボールを持ち、主導権を握り、得点をとって勝利するのはイタリアの得意とする戦い方ではなく、その意味で「イタリアは敵を倒せない」。ただ、サッカーは得点をとりにくく、失点しにくい性格の競技なので、イタリアは彼らのやり方で多くのタイトルを獲っている。

家を建てる人は、家を壊す人よりも高いレベルの知性を持っているはずです。

アリゴ・サッキ

世界的な建築家はいるが、世界的な解体屋というのを聞いたことがない。作るほうが壊すより難しいのだ。サッカーも同じで、敵のプレーに対応して潰すほうがどちらかといえば簡単である。フィールドの破壊行為は一時的なカタルシスを得られるし、勝利やタイトルという価値をもたらしてくれるかもしれないが、結局は敵を高みから引きずり下ろすだけなので、自分たちの価値を引き上げることはできない。

我々はブラジル人のようにはプレーできないが、
ブラジルを倒すことができる。

ベルティ・フォクツ

ドイツ人がブラジル人になるわけではないが、技術面でブラジルに近づいたことは何度かある。フォクツもプレーしていた1970年代の西ドイツ代表には、何人かの「ブラジル人」がいた。ベッケンバウアー、ネッツァー、オベラート、ミュラー、ヘーネス、グラボウスキー、ヘルツェンバインのテクニックはブラジル人に遜色なかった。ところが、その後はまたすっかりドイツ人ばかりになり、再びブラジルに近づいたのが2014年に世界一になったチームだ。ブラジルに近づいたドイツはブラジルのゴールに7点も叩き込んで大勝している。ブラジル人のようにプレーできなくてもドイツはブラジルを倒すことができるが、優勢に試合を運べたことはない。一方、ブラジル人のようにプレーできるときのドイツはワールドカップで優勝できて（1974年と2014年）、ブラジルを倒すこともできる。どの国にも、独自の文化や「らしさ」がある。しかし、そこから飛躍しようと思うなら「らしさ」にこだわるのはあまりプラスにならない。ドイツらしく、ブラジルらしく、イタリアらしく、日本らしくは、もちろんそれがベースにあるとはいえ、飛躍の燃料になるのはむしろ「らしくない」能力を獲得したときである。

勝つことが私の興味の大部分。
残りは哲学であり、ポエムであり、無駄話だ。

ファビオ・カペッロ

ある意味感心する。カペッロにとって、哲学や詩は「無駄話」と同列ということか。「勝つことが興味の大部分」というより「興味の全部」なのではないか。

「近道」は目標に辿り着かせてはくれない。花壇を避けずに近道しようとする人は、早くは着きますが、花を踏んでしまいます。花壇を避け、遠回りした人は、その分時間はかかりますが、花をダメにしません。

マルセロ・ビエルサ

良いサッカーは勝つためにある。けれども、良いサッカーをしても勝てないことはある。良くないプレーで勝つこともある。しかし、良くないプレーをしてたまたま勝てても、それはかりではやがて勝てなくなる。花は美しく、花は儚い。サッカーを作る人は、花の価値をないがしろにしない人であってほしいという、ビエルサのピュアな一面が表れている言葉だと思う。

サッカー人のメンタル

さあ、若者よ、服を脱げ、身をさらせ、
たとえ荒天であろうとも。
たとえ不運にして、
その身を野に伏すことになろうとも。
人生には、
ヒースの荒野に倒れるより悪しきこともある。
それに、人の人生など、
サッカーの試合に過ぎぬゆえ。
ウォルター・スコット

俺を買うのは、フェラーリを買うのと同じだ。

ズラタン・イブラヒモビッチ

高いけど凄いよ、ステータスだよ、手なずけるのは簡単じゃないよ。持ち主を選ぶよ。それでも買いたければ買いなさい。フェラーリのクラブ（ユベントス）にやって来たとき、ロッカールームで並みいる大選手たちに向かって「俺はズラタンだが、お前ら誰だ？」と言い放ったのはもはや伝説である。

愛は僕を強くする。
憎しみは僕を止められない選手にする。
彼らが僕を嫌っているのは、たぶん僕が良すぎるからだ。

クリスティアーノ・ロナウド

ほめて育てろとはよく言うが、憎しみもまた人を育てる。嫌え、憎め、野次れ、すべては俺の力になるのだ！　ふわっはっはっはー、というCR7の高笑いが聞こえてきそうだ。この世界には友人が少ない、僕は孤独だと言っていたロナウド。孤独に耐え、憎しみさえもエネルギーに替え、ストイックに高みを目指して登り続ける。とっくに山頂にいるのに、まだどこかへ登ろうとしている。彼の行く先に待っているのは幸福か、はたまたさらなる孤独か。どちらにしても、ロナウドだけが知る孤高の境地である。

夢をかなえられるというときに、
プレッシャーなんか感じないよ。

ネイマール

本当か？　本当にそうか？　緊張するほどの大きな夢などない私にとっては、何とも言えない。でも、夢がかなうかどうかと関係なくても、いろいろとプレッシャーはある。夢がかないそうだから、うれしくてプレッシャーなど感じないということか。そもそもプレッシャーの意味をちゃんとわかっているのか？　ネイマール、じゃなくて俺。

不安に押しつぶされる選手もいるが
俺は不安だからこそ動けるんだ。
プレッシャーこそ俺を突き動かす原動力なんだ。

オリバー・カーン

「5万パーセント集中しろ！」のカーン先生ですらプレッシャーはあるらしい。しかし、そのプレッシャーさえもエネルギーに替えている。実際、全然プレッシャーがないのも考えもので、選手たちが求めるのは「ほどよいプレッシャー」だろう。どれぐらいが「ほどよい」かは、まさに程度問題なのでいちがいには言えない。昔は緊張する選手に微量のアルコールの摂取を勧める監督もいたそうだ。プレッシャーが強すぎても良くないし、リラックスしすぎてもダメ。塩梅は人それぞれだから難しい。

俺がプレッシャーを感じるわけないだろ。
W杯に出場するからには最高の結果のみを信じる。
人生も同じさ。

ズラタン・イブラヒモビッチ

ズラタンなら許す(笑)。超ポジティブ・シンキングの人に出会うと、「胡散臭い」と思うか、「この人はバカだけど凄い」のどちらかだ。ズラタンはたぶん後者だと思うがどうだろうか。

毎回、強いチームが勝つのではない。より強く勝利を望んだチームが勝つ。

ロレンソ・セラ・フェレール

前段は同意できるが、後段は微妙だ。プロスポーツ選手には、この手の「為せば成る」的な考え方が多いのは知っている。トッププロは基本的に高い目標を掲げてクリアしてきた人が多い。ただ、そういう人たち同士の争いでも同じ法則が通用するとも思えない。油断や心の隙は流れを一変させるのは確かだが、それで弱いほうが勝機をつかめるのは他力本願でしかない。

どちらも強く勝利を望む者同士の試合の決着に精神論を持ち込むのは「逃げ」の雰囲気をむしろ感じでしまうのだが、いかがなものか。

一番になろうと思えば一番になれる。
二番でいいと思えば何も得られない。

ビル・シャンクリー

一番になれた者は一番になろうと思っただろうが、一番になろうと思ったが二番になる者はいる。二番でいいと思ったら、たぶん二番にもなれないかもしれないが。

我々の仕事は次のために最善の準備をすること。今日負けても明日は別の日であり、勝利を祝う時間すらない。恐れも泣くことも知らず、ただ前を見て進んでいく者の人生だ。

ジョゼ・モウリーニョ

これは人生訓というより、現実的にそうなのだと思う。モウリーニョ監督は対戦相手の分析を徹底的に行うことで知られていて、対策を練り、短い練習時間に最大の効率で落とし込む手腕は随一といえる。恐れている時間も泣いている猶予も物理的に与えられていないといっていい。

アリゴ・サッキはミランの監督時代にリーグ戦期間について「息を止めて水の中に潜っているようなもの」と言っていたが、「勝利を祝う時間すらない」わけだ。

常に「次だ、次」と言っていないと頭がおかしくなってしまう。

西野朗

勝負事の世界にいる人は、まず例外なく「負けず嫌い」だと思う。ジーコは自身を「世界一の負けず嫌い」と称したが、そんな人ばかりだ。負けるのが大嫌いな人が集まって勝負事をしている。当然勝ったり負けたりするが、負けが続くと精神に堪えるから、それぞれに対処方法を講じる。「次！」と切り替えるのは現実逃避かもしれないが、最も効果的な方法の1つである。また、引きずらないことで実際に良い結果につながるのを、プロの監督や選手は体験的に理解している。

パン屋は昨日作ったパンで生活することはできないし、サッカー選手も昨日の試合に頼っていては生きていけない。

ユルゲン・クリンスマン

クリンスマンの父親はパン職人だった。本人もパン職人の資格を持っているらしい。昨日作ったパンは昨日のうちはおいしいが、明日はもうおいしくない。サッカーでもあるのは現在と未来だけで、過去は何の助けにもならない。「パン」はいい喩えだと思う。

何が成功と失敗を分けるのか？
もちろん運は大事なんだけど、
その運が向いたときだけ、頑張ってもダメなんだよね。
日頃からサッカーに謙虚でなければ、運さえ向いてこない。

三浦知良

そもそも「運」は人間にはコントロールできない。運が向いたときにつかめるかどうか、そのための準備ができているかどうか。成功者の多くが「運があった」と認めているけれども、それは彼らに運をつかむ力があったからで、普通は運が来ても通り過ぎていくだけなのだろう。

縁起を担いでも担がなくても一緒。能力があって、しっかりトレーニングしているものが、運の良い悪いを超えたところで勝利を手にする。

パオロ・マルディーニ

運はどんな人にも影響するが、運ばかりは人にはどうにもならない。だから、人にできるのは努力することだけだ。能力があって努力を怠らなければ、多少運に恵まれなくても良い結果が得られることが多い。ただ、それが常にそうでもないところがサッカーの不条理なところである。不条理なだけに、ときに選手は縁起を担ぎたくなるもので、どちらのシューズから先に履くか、どちらの足からピッチに入るかなど、さまざまなルーティーンを決めている選手も多い。ルーティーンも努力のうちなのかもしれない。勝つたびにルーティーンを増やしていった選手を知っているが、そのうちにやることが多くなりすぎて、面倒くさくなってやめてしまったという。

人間は自分で宿命を選ぶことはできません。
でも、選ぶことができない以上、
私はそのことで悩まないようにしています。

澤穂希

さすがは日本で唯一のバロンドール受賞者だ。運を嘆いてもどうにもならないので、それについては考えない。「まだ生きている意味すらよくわからないのに、死については考えない」と語ったという孔子のようだ。

勝った後は「メディアがほめるほど好調ではない」と考え、負けた後は「メディアがけなすほど不調ではない」と考える。現実の姿は中間のどこかにある。

スベン・ゴラン・エリクソン

報道は常に大袈裟で、真実を表していないという意味だろうか。エリクソン監督は良いときも悪いときも、真に受けない姿勢で一貫しているようだが、そうでない人もいる。褒められると真に受けるのに、批判はいっさい受け入れない。だいたい人間は「自分はよくやっている」と思いたがるもので、実際にはメディアが貶すより酷い場合もある。

勇敢なチャンピオンと呼ばれる人たちは、
たとえ他より抜きん出ていても、他に勝利を収めても、
自己に挑む戦いに勝利しなければ、
つまり限界を超えなければ満足できないものだ。

アーセン・ヴェンゲル

人に勝ったからうれしいではない。最大の敵は自分自身、そしてこの戦いには終わりがない。チャンピオンは孤独なのだ。

常にサッカーをする上で考えていたのは、昨日の自分を超えることだけだった。

ジネディーヌ・ジダン

ジダンに超えるべき他人がいたかどうかはともかく、他人よりも「昨日の自分」を超える努力のほうが具体的だ。

自分を疑ったことは一度もない。
小さすぎる。細すぎる。
そう否定されると、むしろモチベーションになる。
このモチベーションのおかげで、今僕はここにいる。

ルカ・モドリッチ

コンプレックスは人を強くすることがある。弱点自体は強みにはならなくても、他の部分が強化される。モドリッチは華奢だったためにハイデュク・スプリトの入団テストに落ちているが、技術を磨き、スタミナをつけ、速さを高め、頭脳を鍛えた。「あそこでやれれば、世界中のどこでもやれる」と語ったボスニア・ヘルツェゴビナのリーグで戦い、MVPにも選出された。コンプレックスが強くするものはいろいろあるが、一番強化されるのはたぶんハートだ。

タカの子供もニワトリ小屋で育つと自分がニワトリだと思い込んでしまう。タカになるかチキンになるかはお前たち次第だ。

レヴィー・クルピ

周囲に影響されて低きに流されるな、という警告だろうか。しかし、ニワトリ小屋で自分がタカだと気づいたら、ニワトリは全部食われてしまうのだが、そこまで考えるとこの話がホラーになってしまうので止めておこう。

※セレッソ大阪の監督時代に、家長・乾・清武といった当時の若手選手たちに向かって。

自らを厳しく律し、
フットボールへの情熱を失わなければ、
40代になっても20代の頃を上回るようなプレーはできるのだ。

スタンリー・マシューズ

最近は選手寿命が延びている。１９８０年代あたりまでは、30歳ぐらいが現役選手の限界だった。もちろん例外はあり、マシューズは50歳までプレーしていたし、フランツ・ベッケンバウアーやヨハン・クライフも40歳近くまでプレーした。しかし、近年はトレーニングや医学の進歩もあって、30歳を超えても衰えのみられない選手は当たり前になってきたうえ、以前は例外中の例外でしかなかった40歳近い選手も増えている。

マシューズの時代はタックルも荒く、グラウンドコンディションも悪かった。50歳まで第一線でプレーできたのは本人の素質もあったに違いないが、よほど節制に努めなければ無理だったはずだ。毎朝7時のランニングを欠かさず、食事にも気を配り、週に1日は何も食べなかったという。父親は「闘う理髪師」と呼ばれた地方のボクサー。ボクシングはキング・オブ・スポーツと呼ばれるぐらい過酷で体調管理に厳しい。不老のマシューズには、そうした背景も影響しているのだろう。

老人というものはいない。老人だと感じる人たちがいるだけだ。

ジョバンニ・トラパットーニ

66歳の時の言葉だそうだ。2001年にイタリア代表を率いて来日、千葉県の稲毛公園でトレーニングを行っている。当時62歳だったはずだが、トラパットーニ監督はイタリア代表選手に混じってミニゲームに参加していた。子供や孫ぐらいの年齢の選手たちとサッカーができる人を「老人」とは、たぶん呼べないと思う。トラパットーニが老人なら、30歳を超えた人類の大半を何と呼べばいいのだろうか。

トラパットーニはACミランのMFだった。1969年のチャンピオンズカップ決勝では、アヤックスのヨハン・クライフをマークして優勝に貢献している。監督としてはミラン、インテル、ユベントスを率い、バイエルン・ミュンヘン、ベンフィカといった名門クラブの監督にもなった。アイルランド代表監督で指揮を執ったのは74歳だ。

イタリアで自分の苦手なことや短所感じて、幅が広がった。
「俺には合わない」とか
「守ってばかりのチームだから」と終わらせると、
選手としても終わってしまう。

中村俊輔

中村俊輔は「ドM」である。どのチームが一番良かったかと聞くと、「エスパニョール」と答えていた。エスパニョールは中村にとって最も上手くいかなかったクラブだ。「ロンドをやっても皆うまくて、俺が下手から二番目ぐらい」だったそうだ。すでにセルティックで勇名を馳せた後に移籍したエスパニョールだったが、レギュラーポジションすら確保できなかった。しかし、だからこそ「良かった」と言う。中村俊輔にとって、ぶち当たる壁は乗り越えるもののようなのだ。これまでも壁を乗り越えてきて成長してきたので、壁に当たると悩むと同時にうれしくなってしまうようなのだ。

ＳＭはともかく、プロ選手として成功するには才能が不可欠である。ただし、その選手の特徴や長所は「どこまで行けるか」の可能性にすぎない。可能性を現実のものにするには、逆にその選手の欠点や苦手がカギを握る。

何もかも抜群にできる選手はいない。特別に秀でたものがあれば、反対に大きな弱点も持っているものだ。中村俊輔がイタリアで「幅が広がった」と話しているとおりで、苦手や不得手をそのままにしておくと、長所がいかに優れていても試合には出られなくなる。苦手分野でもプレーするリーグの平均水準ぐらいはないと、それを得意とする相手に確実につけ込まれるからだ。攻撃力が素晴らしくても守備ができないのでは、相手にそこを狙われる。守備に回されれば長所は発揮できず、短所だけが露わになる。その選手がチームの穴になってしまえばプレー機会は失われるのだ。

例えば、空中戦でジェラール・ピケやセルヒオ・ラモスを圧倒できるＦＷなら、リーガ・エスパニョーラでプレーできる「可能性」はある。しかし、その選手が足下の技術がおぼつかない、まるで守備ができないというようなことでは試合には出られない。少なくとも先発で使われることはない。長所はどこまで届くかの可能性ではあるが、現実にどこでプレーできるかは弱点のレベルによる。日本の育成年代で天才といわれた選手が、ヨーロッパで活躍できない原因の1つが苦手分野のレベルの低さだと思う。長所だけなら十分通用しているのだが、弱点のほうがそのリーグでやれる水準にないというケースが多い。

これはヨーロッパの指導者に聞いた話だが、「育成年代では選手と闘わなければならない。その結果、その選手を辞めさせてもいいという覚悟が必要だ」とのことだった。日本では育成年代の天才は特別扱いされ、守備も免除される傾向があるが、それとも反対に才能のある選手ほど厳しく接して高い要求をするのだそうだ。結果、その選手が「サッカーを辞めても構わない」というのは、それだけ競争が激しいという背景もあるわけだが、結局はそれがその選手のためだからだ。

私は失敗のエキスパートだ。

マルセロ・ビエルサ

故郷のニューウェルスのスタジアムにその名がついているビエルサだが、リーグ優勝はそのときの1回しかない。アルゼンチン代表を率いて五輪の金メダルは獲っている。しかし、あれだけ高名な監督なのにエスパニョールでもアスレティック・ビルバオ、マルセイユでもタイトルがない。いつも良いチームは作るのに、あと一歩及ばない。トータルフットボールの生みの親であるリヌス・ミケルスも、そんなに勝ちまくっていたわけではなく、オランダ代表では1988年のユーロが初タイトルだった。アヤックスでヨーロッパチャンピオン1回、バルセロナでリーグ優勝1回。20世紀最高の監督と言われているのは、明らかにタイトルの数ではないのだ。ビエルサは「失敗のエキスパート」かもしれないが、それで彼の監督としての価値が下がるものではない。

一番になる必要はない。賢い選手になって生き残ることが大事。

遠藤保仁

そもそも「一番」とは何なのか。バロンドールを獲得することなのか。最多得点をあげることなのか。「あの選手がナンバーワン」は他人の評価にすぎない。「一番になる」は目標としてはいいかもしれないが、「一番」そのものが何において一番なのかが曖昧である。最高の選手になるには、目の前の1つのプレーを大事にするしかないわけで、この瞬間のパスやシュートやタックルを成功させ、最善のポジションをとる、ということしかないのではないか。少なくとも一番になるための特別な方法はなく、一番になることを考えるより、現在において賢くある、賢くあり続けるほうが重要だろう。

普通と違う人間を「異常」と呼ぶ。私はそう呼ばれることを誇りに思っている。

エリック・カントナ

カントナが「普通」でないのは周知のとおり。石大工の家に生まれ、マルセイユでは洞窟のような家で育ったらしい。カントナには自分のルールがあって、その筋を通すためには世間のルールとずれてしまっても平気である。極めて個性的で独特なキャラクターだ。ところが、プレーヤーとしてのカントナは何か1つが飛び抜けている異能者ではなく、すべてが優れている万能型だった。一芸がスーパーなのではなく、あらゆることが少しずつ勝っていて全部合わせるとスーパーという、わりと珍しい名選手だったかもしれない。

斬新なアイデアを思いつく者は、成功を収めるまでは奇人である。

マルセロ・ビエルサ

成功を収めなければ「奇人」のままということになる。ビエルサやパコ・ヘメス、ズデネク・ゼーマン、マヌエル・リージョと、グアルディオラの間を分けているのは「成功」の二文字にすぎないのかもしれない。ペップもその言動をみるかぎり、奇人の素質は十分ありそうにみえる。

ひとりの人間

人間が守るべき道徳と義務について
私が認識している全ては、
サッカーから学んだ。
アルベール・カミュ

世界一のプレーヤーになるよりも、良い人間になれるかどうか心配している。

リオネル・メッシ

サッカーを上手くプレーすることは、メッシのような選手にとって大した問題ではない。上手くやれることはわかっている。才能のある人にとって、それは子供のころから持っているものだから、そこまで関心がないというのは理解できる。もちろんメッシにも努力で手に入れたものは多いだろう。「友人に遊びに行こうと誘われても、翌日の試合に備えて練習したいから行かない」と答えられる、よく出来た子だったそうだ。それでもメッシと他の選手ではスタートラインが違う。万人が羨む能力も、本人にとっては普通のことなのだ。

サッカーを素晴らしく上手くプレーできるのと、ピアノを上手く弾けるのは同じこと。歌を上手に歌える、早く計算ができる、長く息を止めていられる、ホットドッグを誰よりも速くたくさん食べられる……全部才能に違いない。それが世間で高い評価を得られるのか、そうでないかの違いはあるけれども。

上手くプレーできる、たぶん世界一上手くやれるのは、間違いなく才能があるからだが、その才能に何の価値があるのかは世間が決める。メッシはフットボールではなくカバディの天才だったら、こんなに世界中に名が知られることはなかったはずだ。巨大な才を授かった人間にも、それゆえの苦悩はあるに違いない。なりたいものと、実際に向いているものが違うというのは、世間一般で実によくあることでもある。

そう考えると、世界一のプレーヤーになれるかどうかより、1人の良き人間であるほうに関心があるとしても不思議はない。ただあれですね、これをメッシが言ってしまうと世界一の選手になりたくてもなれない人は、「ああ、そう」というシラケた反応になるかもしれませんな。

僕にはそんなにたくさんの友人がいない。
本当に信用できる人は、
フットボールの世界ではそんなに多くないんだ。
だからたいてい僕は孤独だ。

クリスティアーノ・ロナウド

ＣＲ７は孤独らしい。取り巻きやビジネスパートナーはたくさんいそうだが。でも、「本当に信用できる人」なんて、フットボールの世界でなくてもそんなに多くはないでしょう。かつて「この世界で孤独を感じる」とユルゲン・クリンスマンが言ったところ、「じゃあ犬でも飼えよ」と、にべもない返事をしたのはマルコ・ファンバステンであった。

私は2人の人格として生きることを学んできた。
1人はエドソン、友人や家族と楽しい時を過ごす。
もう1人はフットボールプレーヤー、ペレだ。
この名前を望んだわけではないのだけどね。
「ペレ」なんて、赤ん坊が喋っているように聞こえるからね。

ペレ

ママ、パパ、ペレ……うん、言いやすいかもしれない。でも、ジジ、ババのほうが言いやすそうだ。どちらもブラジル代表の名手だった。17歳でワールドチャンピオンになったペレは、エドソンとペレの乖離を感じていただろう。19歳でワールドカップ優勝を経験したキリアン・エムバペは、その点ではずっと落ち着いてみえた。スウェーデン大会で優勝したときのペレは号泣していた。時代が違うということだろうか。

ペレは自分がペレであることが「不思議だった」というようなことも言っている。2人分の人生を送れるのは羨ましいような、そうでもないようような。

俺にとってサッカーは「義務」。
ゴールは「愛」。
ゴールを何度決めたか忘れたし、
何キロ走ったかも忘れたが、
俺の心にはいつもアフリカがある。

サミュエル・エトー

サッカーは義務、何キロか走るのも義務。ゴールは愛。で、最後のひと言をどう解釈したらいいのか。アフリカは愛、ヨーロッパは義務というのが自然か。アフリカの選手は十代でヨーロッパへ渡るケースが多い。すっかりヨーロッパナイズされたように見えるけれども、ネーションズカップで里心がつくのかヨーロッパへの戻りが遅れるケースが多々ある。カーニバルへ行って戻ってこないブラジル人もいたか。

やはりヨーロッパは彼らにとって仕事場で、故郷への想いはまた違うのだろう。

このタイトルを全ての人に捧げたい。
自分を愛している人たち、憎んでいる人たち、
とにかくすべての人々に。

ファン・セバスチャン・ベロン

自分を憎んでいる人たちにも勝利を捧げたのが良い。エスツディアンテスはアンチも多いクラブだ。親子二代でプレーした「魔法使い」。ベテランの域で手にした栄光を、応援してくれた人にも、憎しみをぶつけてきた人にも捧げたのは、すべて許す、すべて許されるという心境だったのか。

※09年、リベルタドーレス杯で優勝した時の言葉。

試合があれば必ず勝者と敗者が決まる。
ただ、本当の勝敗というのは試合の直後ではなく、
その後の人生で決まるのではないでしょうか。

ジネディーヌ・ジダン

うーん深いな。本当の勝敗なんて、その後の人生でも決まらん気もするが。人生も勝ったと思ったときに終了していれば勝者で終われるが、生きすぎて負けたときに死んだら敗者になってしまう。ずっと勝ちっぱなしの人はいないだろうから、人生の勝敗もたぶんタイミングの問題でしかないと思うのだが。

それでも人生は続くのよ。

アンドレイナ・バッジョ

ＰＫを外してもパスをミスしても人生は続く。違う言い方をすると、５年後や10年後に何かを成し遂げたいなら、この瞬間にその１本のパスをちゃんとつなぐことからしか始まらない。

※ロベルト・バッジョの妻の言葉。94年Ｗ杯決勝でＰＫを外した夫を励ました。

サッカーの悩みって、遊びに行って発散できるものじゃないんです。
サッカーの悩みはサッカーでしか解決できない。

小野伸二

一般的には仕事の悩みは他のことで発散できそうだが、サッカーにそれができないのはなぜなんだろう。たんに収入を得る手段ではなく、それ自体が目的になってしまっているからだろうか。

サッカーは人生そのものだ。人生からは逃げられない。

イビチャ・オシム

これも怖い。「サッカーは人生」とはよく聞くけれども、「逃げられない」とはあまり言わない。サッカー＝人生＝逃げられない。逃げ場はないぞと言われているみたいだ。

本当のプレッシャーは、ゴール前やピッチにはない。

ディエゴ・マラドーナ

「プレーを楽しむ？　楽しんでいるのはディエゴだけだ」と、オスカル・ルジェリが言っていたように、マラドーナにとってフィールドの中の問題はほとんど解決できた。フィールドは楽しむための場所だったに違いない。マラドーナにとって難しかったのはサッカーではなく、サッカーの外側だった。サッカーの外側にあった数々の「事件」の1つ1つを取り上げるのは省略するが、マラドーナは「反逆児」だった。

反逆の相手は「偽善」であり、あるいは「不正」だった。マラドーナが不正と感じる対象としてはＦＩＦＡがあり、ベン・ジョンソンがカナダで仲間外れになったとき（マラドーナは『偽善者はすべて去った』と言っている）に励ましの手紙を書いた。自分が「悪」と断じたことには徹底して反抗した。ある意味、とても面倒くさい性格なので、サッカーを辞めたくなることも多々あったという。それでも長くプレーできたのは「悲惨なことがあっても、プレーする喜びがほんの少し上回った」からだそうだ。ちなみに、彼が最初にサッカーを辞めたくなったのは、まだ十代のころにアフリカへ行って飢えと貧困を目の当たりにしたときだそうだ。

自分が世界一だなんて決して言わないこと。
それは他の人に言わせればいい。

ペレ

評価は常に他人がするものである。マラドーナが「自分がナンバーワン」と言ったことへの牽制も感じられる。ちなみに、マラドーナがそう言った根拠は、FIFAが行った20世紀最高の選手は誰かというファン投票の結果を踏まえてのもの。その後、FIFAはペレとマラドーナをともにナンバーワンとすることで事態の沈静化を図った。

大変な努力にもかかわらず敗北を喫した時、
人は逃げたりするのではなく、
その人間性を示さなければならない。
私はそうした状況でも最善を尽くす人間だ。

オリバー・カーン

グッド・ルーザーの文化は米国や英国にはあるが、ラテン諸国に希薄な印象だ。勝者が称えられるのは万国共通でも、敗者は一顧だにされない、人間性すら踏みにじられるということも少なからずある。日本は敗者に対して比較的寛容だが、ヨーロッパはけっこう厳しい。逃げたくなるのもわかるぐらい苛烈な非難にも遭う。第二次大戦後、各国から引き上げていくドイツ難民に対して、旅の行く先々で容赦のない暴行が行われた事実はよく知られている。暴行は容認されていた。サッカーでも敗北すると似たような状況になってしまうことがある。カーンが言うような「人間性」を示すのは簡単ではないし、まして周囲が「人間性」を示すケースはあまりない。

調子のいい時に他人を軽蔑しないこと。
そんなことをしたら、今度は自分が上手くいかないとき、
誰も手を差し伸べてはくれない。
うまくいっているときほど謙虚にならなければならない。

ドゥンガ

実るほど頭を垂れる稲穂かな。「勝ったときには人々がたくさん寄ってくるが、負けたときには離れていく。負けたときにそばにいてくれた人こそが真の友人だ」と、クラマーさんも言っていたとか。

※ドゥンガはまた「勝った時も負けた時も、同じ人間でいなければならない」とも語っている。

サッカーという喜び

選手が本能にしたがって、
心の底から楽しんでプレーする時が最も美しくなる。
理論はあとから作り上げられたものだ。
バリー・フルスホフ

子供が外でプレーするときに心配なんかしていないよね。プロ選手も同じであるべきだ。

ヨハン・クライフ

クライフは「コーチはいても、もはやティーチャーはいなくなった。だからプレーそのものから学ばなくてはならない」とも話している。彼の言う「ティーチャー」をそのままの意味にとれば教えを説く人だ。クライフにとってフットボールは喜びで、「ボールをコントロールし、それに親しみ、攻撃を試み、ゴールしようとする」ことだ。「もちろん守備もフットボールの一部だけれども、守備といってもいろいろなやり方はあるからね」。

いろいろな守備の1つは、もちろん守備をしないことである。相手に攻撃させなければ守備をする必要がない。攻撃は最大の防御だ。

フットボールは子供も大人も同じ、だったらプロだって楽しむのが当たり前じゃないか、楽しくプレーすること、ボールとともにあること、そこから学ぶこと……現役時代のピリピリした表情のヨハン・クライフが同じように考えていたかどうかはわからない。ただ、クライフがキャプテンだった1974年ワールドカップのオランダ代表チームは、試合中にもよく笑っていた。

こうしたアプローチとは反対に「フットボールは戦い」であり、「楽しめるのはマラドーナだけ（クライフでもメッシでも可）」というのもある。ただ、それは基本的にプロだけのアプローチだろう。子供と大人のフットボールが違うことになる。では、どちらが本物のフットボールなのだろうか。クライフの立場をとれば、子供と同じでないならそちらが偽物になる。それを教える人がいなくなった、ということだろうか。

女の子にはあまり興味がなかった。
フットボールだけ。
いつでもフットボールを楽しんでいた。
プロになりたかった。
それが自分の目標で、それ以外の何者にもなりたくなかった。

ポール・ポグバ

ちょっと意外。今のハデな髪型やファッションは何かの反動なのだろうか。某強豪高校サッカー部の選手が、卒業すると髪を伸ばして茶髪にするようなものか。ユース年代のプロ予備軍にとって、同年代の仲間と同じように楽しむのは難しい。女の子にさして興味がなく、フットボールをいつでも楽しめていたのは何よりだ。

オーケー、本を出版するのも映画を封切るのもとてもいいものだよ。でもね、トッテナムが3―2でマンチェスター・ユナイテッドに勝つのは何物にも代え難い。

サルマン・ラシュディ

インド生まれの英国人作家ラシュディは『悪魔の詩』で物議を醸した。イラン最高指導者ホメイニーによる死刑宣告がなされ、ラシュディは全イスラム教徒を手に回している。インドでは禁書、各地でイスラム教徒に本が焼かれた。トッテナムのファンだったのか。

私にフットボールのことを忘れるべきだという人たちがいる。
私が呼吸をすることを忘れてしまうからだろう。

ジェラール・ウリエ

呼吸はしたほうがいいと思います。

※心臓の大手術を終え復帰した時の記者会見での言葉。2001年10月、心臓の痛みを訴え緊急入院し、一時は生死も危ぶまれたが、11時間の手術の末に一命をとりとめた。4カ月間の療養を経て現場に復帰し、その際リヴァプールの本拠地アンフィールドのファンから拍手で迎えられた。

しばしば「楽しむ」という言葉は誤解されやすい。
努力と規律に励むことも、
それは楽しいことなんだということを忘れてはいけない

ジョゼップ・グアルディオラ

職業としてのプロサッカー選手の日常は意外と単調だ。拘束時間は短いが、ハードワークなのは間違いない。シーズン中は移動も多い。「努力と規律」の連続だから、それもまた楽しめるぐらいじゃないと続かないのかもしれない。しかし、「努力」はともかく「規律」が楽しいという人はあんまりいないんじゃないかな。

サッカーは観客に楽しんでもらえば、その何倍もサッカーが楽しくなる。

ロナウジーニョ

稀代のエンターテイナー、ボールアーティスト。バルセロナでプレーしているころ、ロナウジーニョだけ他の選手たちと違うウォーミングアップをしていた。ボールを持ちながらストレッチをしていた。何をするにもボールと一緒だった。リフティングで2人をかわし、背中でパスをする……あれほど楽しそうにプレーする選手を他に知らない。182センチ80キロ、意外と大柄でパワーもあり、ノーステップで30メートルぐらい軽く飛ばせる技術とパワーがあった。遊び好きはピッチ内だけでないのは有名だが、ロナウジーニョの場合はサッカー選手が遊んでいるというより、遊び人がサッカーをしているととらえたほうがいいような気さえする。パーカッションの腕前はプロ級、人を楽しませ自分も楽しんできた。

家の中でもいつでもボールを蹴って遊んでいる。
電話をしているときも、ボールをいじっている。
僕は、足下にボールがあれば幸せなんだ。

ティエリ・アンリ

名選手の伝記などを読むと、たいがい5、6歳でボールの虜になっている。家でも外でも、いつもボールと一緒。ある日突然、ボールが最良の友となり、最高の玩具になる。それが一過性に終わらず、そのままボール中毒になる人が名選手への階段を上っていく。

足下のボールから生きるためのすべてを学んだ。

ロナウジーニョ

フットボールからではなく、「足下のボールから」というのがロナウジーニョらしい。バルセロナ時代、ウォーミングアップをチームメイトとは別に行っていた。ボールとともに柔軟体操をやり、ボールとともにジョグしていた。

私はサッカーに一目惚れして、
サッカーと結婚し、忠誠を誓った男です。
サッカーはそんな私に人生の全てを与えてくれた。
挫折と絶望……多くの苦難は、
私とサッカーの絆を深める試練でしかなかった。

ジーコ

私は妻にひとめ惚れして、結婚し、忠誠を誓った男です。妻はそんな私に人生の全てを与えてくれた。挫折と絶望……多くの苦難は私と妻の絆を深める試練でしかなかった。ここまで言ってもらえるなら、夫婦仲はさらに盤石になるに違いない。こういう男には何かをしてあげたいと思うだろう。

つまらない試合などないよ。
サッカーは楽しいものだ。

ディエゴ・マラドーナ

さすがはチームメートに「楽しんでいるのは彼だけだ」と言われた男。あれだけ蹴られまくっていても、「つまらない試合などない」と言えるのがマラドーナ。

※「今までで一番つまらなかった試合は?」と聞かれて。

素晴らしいフットボールのための日、
我々に必要なのはただ緑の草と1個のボールだ。

ビル・シャンクリー

ビル・シャンクリーはリバプールの基礎を築いた監督で、アンフィールドには彼の銅像が建ち、スタジアムでは今でも彼の肖像がバナーとなって掲げられている。おそらくシャンクリーの言葉としては、次のもののほうが有名だろう。

「人々の中にはフットボールを生死の問題だと信じる者もいるが、そうした態度にはひどくがっかりさせられるよ。断言するが、フットボールはそんなことよりずっと大事なんだ」

シャンクリーがいかにフットボールに全身全霊で打ち込んでいたかを表している言葉だが、たぶん半分は冗談だと思う。彼は一種の奇人だったかもしれないが、フットボールを離れれば優しい常識人の顔も持っていたからだ。ファナティックのようで、必ずしもそうではない。

シャンクリーは10人兄弟の9番目として生まれた。男兄弟5人は全員フットボーラーになっている。14歳まで学校に通った後、2年ほど兄と炭鉱で働いた。故郷グレンバックはシャンクリーが生まれた時期でも人口は７００人だったという。近郊の炭鉱へ働きに出るのが常だった。「12歳までバスタブに浸かったことがなかった」は誇張としても、バスタブに浸かると煤で湯が真っ黒になってしまうので入りづらかったのは確からしい。当時の炭鉱労働者の労働環境は劣悪で、食欲不振はいうに及ばず、年中不潔な感覚が離れなかったそうだ。仕事がないときでも体がきれいになっている感じがしない。汚れている時間が長すぎたせいだろう。

学校に通っているときも炭鉱にいるときも、シャンクリーは「これは仮の時間」と信じていた。フットボールのことが頭から離れなかった。炭鉱が閉鎖され、シャンクリーはプロフットボーラーになる。「タックルは芸術」というプレーぶり。警告、退場が一度もなくレフェリーと揉めたこともないが、タックルの名手だった。

監督となってからの偉業は改めて記すまでもないだろう。シャンクリーは自身を「心情的社会主義者」と言っていた。皆が互いのために働き、得たものも皆で分かち合う。リバプールの根底にある考え方であり、チームゲームの基本ともいえる。シャンクリーはそれを政治ではなくフットボールから会得している。また、こうした英国に根強い考え方の背景には炭鉱の存在も無視できない。フットボーラーは炭鉱と港湾が育てている。

人名索引

●あ行

●か行

●さ行

※この索引は発言者のみのもので
発言内や解説内の人名は含まれません。

●た行

●な行

●は行

◆編著者紹介————
西部謙司（にしべ・けんじ）
1962年9月27日、東京都生まれ。早稲田大学を卒業し、商社に就職も3年で退社。学研『ストライカー』の編集記者を経て、02年からフリーランスとして活動。ジェフ千葉のファンを自認し、タグマ版「犬の生活」を連載中。著書多数。

ボールは丸い。
サッカーの真理がわかる名言集

発行日　2019年 2月25日　第1刷
編著者　西部謙司
発行者　清田名人
発行所　株式会社内外出版社
〒110-8578 東京都台東区東上野2-1-11
電話　03-5830-0368　（販売部）
電話　03-5830-0237　（編集部）
https://www.naigai-p.co.jp
印刷・製本　中央精版印刷株式会社

ISBN 978-4-86257-450-3　C0075

西部謙司のサッカー書籍

初心者の素朴な疑問に答えた サッカー観戦Q＆A

「点があまり入らないのに何が面白いの？」「４―４―２、４―３―３て何の数字？」「つまらない試合の楽しみ方を教えて」といった質問に、戦術解説の第一人者が難しい言葉を使わず巧みに回答。サッカー好きと、そうでもない人をつなぐ１冊。サッカーの本質をシンプルに説明する禅問答的回答は玄人も目からウロコ。

定価・本体 1200 円＋税　ISBN 978-4-86257-290-5

監督たちの流儀
サッカー監督にみるマネジメントの妙

長期政権、継承力、天才タイプ、ハイリスク・ハイリターン、現実を見すえ限られた戦力を最大限に活かすリアリスト。それぞれのマネジメントスタイルとサッカー哲学で成功をおさめている監督たちのチーム作りと戦術。

信念を貫くということ――ファン・エスナイデルの場合
天才選手は天才監督になりえるか――風間八宏の場合
長期化する創業者――ミハイロ・ペトロヴィッチと西野朗の場合
継承力――森保一と長谷川健太と堀孝史と鬼木達の場合
リアリストの見る夢――反町康治と曺貴裁の場合
長期的戦略と監督えらび――日本代表監督の場合

定価・本体 1400 円＋税　ISBN 978-4-86257-348-3